小さな会社の上手なたたみ方

弁護士
赤井勝治［著］

ぱる出版

まえがき

中小企業は過去約20年近くにわたって厳しい経営を強いられ続けています。このことは、われわれ弁護士も、相談を受ける中で肌身に感じています。多くの中小企業は、いつ何時、倒産する事態に追い込まれてもおかしくない状況にあるのです。

ギリギリの状況に追い込まれてから相談に来られても、手の打ちようのないことが多いというのが、われわれ弁護士の立場からの正直な感想です。縁起の良い話ではありませんが、リスクに備えて少しでも早くから、いざというときの「会社のたたみ方」を考えておくことが、現在の中小企業経営者には求められています。

本書では、まず「会社をたたむ」ということを分かり易い表現を用い、またモデルケースを挙げることによって現実に即した内容にするように心がけました。

また、会社をたたむ際には税務処理の問題を避けては通れないことから、必要な範囲に限って、税務処理面の解説も加えました（第11章）。

類書が多い中、現役の弁護士、税理士が現場の豊富な実務経験に基づき、できる限り分かり易く、現実に即して解説した書籍に仕上がったものと思います。

「備えあれば憂いなし」の言葉通り、ぜひ本書を読んで、いざというときにも最悪の結果を招くことのないように、備えをしておいてください。

２０１０年６月

著者

第1章　会社をたたむということ

1、個人の事業ではなく「会社」をたたむ――12
2、「会社をたたむ」具体的ケース――16
3、「倒産」とは?――22
4、倒産の原因、倒産に至る経緯――23
5、倒産するときの状況――26
6、会社をたたむことを考えるタイミング――30
7、いったい誰に相談すればいいのか――34

第2章　会社のたたみ方

1、会社をたたむ方法――38
2、事実上の廃業――41
3、任意整理(私的整理)――42
4、自己破産――43
5、会社の売却――43

6、会社の合併――44
7、会社の事業譲渡――45
8、会社分割――46

第3章　会社をたたむための段取り

1、たたむ段取りを始める前に――48
2、会社の財務内容等の確認――49
3、従業員関係の確認――51
4、保証関係の確認――52
5、会社をスムーズにたたむには――54
6、同族会社のメリットとデメリット――58

第4章　事実上の廃業と手順について

1、事実上の廃業とは――62
2、規模の小さな会社の場合――63
3、規模の少し大きな会社の場合――65

4、事実上の廃業の手順――68
5、事実上の廃業が可能かどうかの基準――72
6、廃業と他の方法との応用事例――74
7、廃業に伴う税務処理のポイント――75
8、軟着陸できたモデルケース――79

▼第5章　任意整理（私的整理）と、その手順▲

1、任意整理（私的整理）とは――88
2、任意整理は弁護士に依頼をする――88
3、任意整理の手順①会社の資産、負債などの調査――92
4、任意整理の手順②会社の資産、負債などの内容の検討――96
5、任意整理の手順③代表者の資産、負債などの調査と内容の検討――98
6、任意整理の実行①実行時期――101
7、任意整理の実行②弁護士からの受任通知の発送――102
8、任意整理の実行③資産の換価作業――109
9、任意整理の実行④債務の減額交渉――114
10、任意整理の実行⑤債務の返済等――117

11、任意整理をするメリット――119
12、任意整理に伴う税務処理のポイント――122
13、上手くいった2つのモデルケース――123

第6章　やむを得ず自己破産する場合

1、自己破産とは――136
2、自己破産申立の準備――137
3、自己破産申立後の手続き――142
4、会社代表者のみが自己破産申立をする場合――145
5、保証人の自己破産申立――147
6、会社代表者の自己破産申立の要否――154
7、自己破産のモデルケース――161

第7章　会社を売却する場合

1、会社の売却とは――174
2、会社売却の方法――175

3、売却先を探す 178
4、会社の売却が可能な場合 179
5、会社売却の手順 180
6、会社売却に伴う問題 183
7、売却に伴う税務処理のポイント 184
8、売却のモデルケース 185

第8章　会社を合併する場合

1、会社の合併とは 192
2、吸収合併を利用する場面 193
3、吸収合併の手順 195
4、吸収合併してくれる会社を探す 197
5、吸収合併による方法が可能な場合 198
6、吸収合併に伴う問題 198
7、合併に伴う税務処理のポイント 200
8、合併のモデルケース 201

第9章　会社を事業譲渡する場合

1、事業譲渡とは　206
2、事業譲渡を利用する場面　207
3、売却先を探す　209
4、事業譲渡の手順　210
5、事業譲渡に伴う問題　212
6、事業譲渡に伴う税務処理のポイント　213
7、事業譲渡のモデルケース　214

第10章　会社分割をする場合

1、会社分割とは　222
2、会社分割を利用する場面　223
3、承継会社を探す　224
4、会社分割の手順　225
5、吸収分割に伴う問題　228

6、合併とほぼ同じ、会社分割の税務処理――228
7、会社分割のモデルケース――229

▼第11章　必要になる税務処理について▲

1、会社をたたむ際に必要な税務処理の概要――238
2、「会社継続型」と「会社廃業型」――240
3、債務免除益――241
4、青色欠損金――243
5、期限切れ欠損金――244
6、税務申告手続き――244
7、役員退職金の支給時期――250
8、消費税について――251
9、粉飾決算――253
10、未納租税公課――254
11、清算所得税の廃止――255

第1章

会社をたたむということ

1

個人の事業ではなく「会社」をたたむ

商売や事業を営むにあたっては、個人事業者として営む場合と会社として営む場合とがあります。

個人事業者の場合

たとえば、商売や事業を始め、その際、会社を作らずに個人の名前で営む場合や「○○商店」・「△△建設」といった個人名とは別のいわゆる屋号（やごう）を用いて営む場合が、個人事業であり、個人事業を営む者を個人事業者と言います。

このように会社を作らずに、商売や事業を営んでいる人は、たとえ個人名とは別の屋号を用いていたとしても、それは会社ではなく個人事業者です。法律上は、個人（「○○商店こと××（個人名）」）として扱われます。この個人事業者が商売や事業をやめる場合は、本書でこれからお話ししていく「会社をたたむ」にはあたりません。

ただ、その場合でも、通常はそれまで個人として営んできた商売や事業に関する借入や売掛金、買掛金を清算するなどといったいろいろな後始末が必要となることがほとんどです。それらの中には会社の場合と共通するものも少なからずあるので、本書に書かれていることが参考になるでしょう。

会社の場合

商売や事業を営んでいる人の中には、ずっと個人事業者のままで経営を続けているという人もいますが、その多くは会社を作っています。

中には、最初から会社を作って、商売や事業を始めるケースもあります。しかし、その多くは商売や事業を始めた当初は個人事業者であった者が、ある程度、商売や事業が軌道に乗ってきた段階で会社を作ったというケースでしょう。

これを「法人成り（なり）」と言います。

「法人成り」をする理由は、会社にした方が対外的な信用を得やすいからという理由や税金の関係で節税ができるからという理由など様々です。

また、会社にする場合でも、その「法人成り」する理由などによって、有限会社か、株式会社とされていることがほとんどです。なお、現在は、新規には有限会社の設立はできず、既存の有限会社は法律的には株式会社ですが、特例有限会社として特別な取り扱いを受けます。

このように「法人成り」する理由は様々ですが、有限会社、株式会社を問わず、会社にしたことにより、営んでいる商売や事業の内容はそれまでと全く同じでも、個人事業者とは法律的な立場が変わります。

会社とした以上、商売や事業の経営主体は会社となり、それまでの個人事業者は、会社代表者、すなわち、その会社の代表取締役などの機関として動いていくことになります。

したがって、たとえば、事業資金を銀行などから借り入れる場合一つをとっても、借主が代表者個人ではなく会社となり、代表者個人は、その借入を保証人として保証する立場になります。

また、取引による売掛金や買掛金を請求したり、請求されたりする場合も、名義人は代表者個人ではなく会社自身となります。

すなわち、会社の財産と代表者個人の財産とは法律上別個のものとして取り扱われることになります。

会社をたたむとは

このように、会社にした場合には、法律上は会社自身が、代表者個人とは別のあたかも1人の人間のように扱われることになります。これを法人格の取得と言います。

そのため、「会社をたたむ」場合には、個人事業者が商売や事業をやめる場合とは異なった問題が発生します。すなわち、会社が商売や事業をやめるためには、会社自身の借入や売掛金、買掛金を清算するなどの後始末が必要となるのです。

それと同時に代表者個人についても、会社の借入に対する保証などを清算する後始末が必要となります。

本書では、このように会社として商売や事業を営んでいる場合に、どうやってこの「会社をたたむ」のかについて解説していきます。

商売・事業の開始時

個人事業者 → （法人成《な》り） → 会　社

理　由
- 対外的信用をつける
- 節税対策等

●会　　　社……法律の定める設立手続に従って設立され、法人の登記がなされているもの
・×× 株式会社
・有限会社○○等

●個人事業者……会社以外で、個人名や屋号を用いて商売や事業を営む者
・××（個人名）
・○○商店（屋号）等

個人事業者と会社

	個人事業者	会　　社
商売・事業用の財産	経営者個人の財産	会社の財産 （≠経営者個人の財産）
商売・事業用の借入や契約の主体	経営者個人	会社（≠経営者個人） 経営者は、通常会社の借入などを保証している
商売・事業をやめる場合にやるべきこと	経営者個人の借入や売掛金・買掛金などの処理のみ	会社の借入や売掛金・買掛金などの処理 ＋ 経営者等の保証債務などの処理

2

「会社をたたむ」具体的ケース

ここに、「会社をたたむ」と一言で言っても、いろいろなケースがあります。

いくつか典型的なケースを具体的に見てみましょう。

ケース1▽事実上の廃業

まずは、事実上の廃業と呼べるものがあります。

このところ、駅前商店街には商売をやめてシャッターを閉めてしまったお店が目立ちます。

「あれっ、確か、ここはついこの間まで、○○さんが奥さんと息子さんと一緒に文房具店をやっていたはずなのに…」

「いつの間に、店を閉めちゃったんだろう」

といった話は日常茶飯事でしょう。

よく見ると、閉められたシャッターには、

「長年のご愛顧ありがとうございました。当店は○年○月○日をもって閉店いたしました」

といったような貼り紙があったりします。

「そういえば、近くに大型の100円ショップができて、店の売上が落ちたとかで、ここのところ店には奥さんしかいなかったな…」

「だんなと息子さんは、少し前から勤めに出ていたらしいよ」

「そうなの、かなり経営が厳しかったんだね」

「それで、とうとう、店を閉めてしまったんだ」

こうしたお店は、会社ではない単なる個人事業者の場合もありますが、多くは先に述べたように「法人成り」をして会社形態を取っています。

店舗兼自宅を会社の本店とし、店の主人である夫が代表取締役社長で、奥さんや息子が取締役専務となっている株式会社や有限会社がそれです。

こういった商店では、売上が落ち、店の売上だけでは生活ができなくなってくると、奥さん1人に店を任せ、生活のために主人や息子は勤めに出ます。

そして、店の売上とは別に生活するための収入を得るようになり、次第に商売は縮小していきます。

最終的には、商品の仕入を止め、溜まっていた仕入代金があれば、これを清算します。小売であれば、売掛金はないでしょうが、もしあれば、これを回収します。

そして、事実上店を閉めてしまいます。すなわち、店のシャッターを閉じて、そこに「長年のご愛顧ありがとうございました。当店は○年○月○日をもって閉店いたしました」などといった貼り紙をして、商売を終えることになります。

銀行などの金融機関から事業資金等の借入があれば、別途その返済についても考えていかなければなりませんが、そういった借入がないか、あったとしても夫や息子が勤めに出ることで

得られる収入の範囲内で、それまで通りに返済を続けていける程度のものであれば、このような事実上の廃業によって、会社をたたんだことになります。

あとは、会社の解散登記と税務上の処理をしておくぐらいです。

このように借入がないか、あってもそれまで通りに返済を続けていくことが可能な程度の借入しかない小規模な商売であれば、事実上商売をやめて、廃業するということが、会社をたたむことになります。

ケース2▽任意整理（私的整理）

次に、もう少し商売の規模が大きくなって、自宅兼店舗ではなく、別にテナントを借り、家族や親族以外にも従業員を雇い、銀行などの金融機関からある程度まとまった金額の事業資金等の借入をして会社を経営している場合には、ケース1のような事実上の廃業では、会社をたためないことが多くなります。

「△△さんところは、駅前にあるファッションビルの中にテナントを借りて、何人か人を雇って紳士服の販売店をやっていたけど、潰れてしまったみたいだよ」

「そういえば、弁護士に頼んで、自宅を売ったお金で、借金などの整理をしたらしい」

「うちも、△△さんのところに商品を卸していたんだけど、弁護士から仕入れた商品を返すから仕入代金を少しまけてくれと頼まれて、仕方なく応じたよ」

「従業員の女性も、解雇予告手当とかいうお金を払ってもらって解雇されたらしい」

「テナントの賃料もここ半年ぐらい滞納していて、弁護士に頼んで差し入れていた保証金と相殺してもらって明け渡したそうだ」

このような場合には、テナントの賃貸借契約を解約して明け渡したり、従業員を解雇したり、売掛金の回収、買掛金の返済や銀行などの金融機関からの借入の整理等の処理をしなければなりません。

これらを済ませて、はじめて会社をたたんだことになります。そのためには、多くの場合は、会社について後に述べる任意整理を行わなければなりません。この任意整理は、私的整理とも言います。

また、代表者個人が保証している会社の借入についての保証債務等の処理も問題になります。

ケース3▽自己破産

さらに、本店だけでなく支店や営業所などを持って、取引先も多く、相当数の従業員を雇い入れ、銀行などの金融機関からの借入も多額に及ぶといった、ある程度規模の大きい会社になれば、前記のような処理も複雑でその量も多くなって簡単にはできなくなります。そのため、任意整理では処理しきれず、多くの場合には、自己破産を選ばざるを得なくなります。

当然、この場合にも、代表者個人が保証している会社の借入についての保証債務等の処理も問題となります。

「××さんの会社は、以前から危ないという噂が流れていたけど、とうとう手形の不渡りを

出して倒産したんだって」
「そうそう、本社の入口の扉に、『破産申立代理人』いう肩書きの弁護士名で裁判所に自己破産の申立をしたという内容の貼り紙が貼られていたよ」
「うちは、まだ××さんの会社に少し売掛金が残っているんだけど、どうなるんだろう」
「そのうちに、裁判所から何か連絡があるんじゃないかな」
「銀行から何千万円も借入をしていたみたいだし、他にも売掛を支払ってもらっていないと言っている取引先が沢山あるから、残っている売掛金を払ってもらえる見込みは薄いよ」
「下手すると、連鎖倒産するところが出てくるかもしれないね」
「一時はあれほど羽振りの良かった××さんところも、これまでか…」

このように一言で「会社をたたむ」といっても、会社の規模などによって、単なる事実上の廃業で済むケースもあれば、自己破産をしなければならないケースまで、様々なケースがあります。どのケースで行くべきかは、主として借入などで負っている債務金額及び処理すべき事柄の量によって決まります。

多少乱暴な言い方かもしれませんが、誤解を怖れずに言うと「会社をたたむ」とは、要するに、会社の関係で、その時点で処理をしておかなければ、後々面倒な問題が発生するおそれのある事柄を残さずに処理し、きれいな状態にしておくことなのです。

「会社をたたむ」典型的ケース

会社規模小≒債務小
処理すべき事柄 少

●ケース1　事実上の廃業

事実上、商売・事業をやめて廃業する

●ケース2　任意整理（私的整理）

・テナントの明け渡し
・従業員の解雇
・売掛金の回収
・買掛金の支払い
・借入金の減額交渉、返済
などの処理を話し合いで行う

●ケース3　自己破産

裁判所に対して、自己破産の申立をする

会社規模大≒債務金額 大
処理すべき事柄 多

3

「倒産」とは?

そもそも「倒産」という言葉は法律用語ではなく、広くは経済的な破綻を示す言葉として使われています。

ここに言う「経済的な破綻」とは、弁済期にある債務を一般的に弁済することができなくなり、ひいては経済活動をそのまま続行することが不可能となった事態などとされています。要するに、支払期限の到来した借入金の返済や買掛金の支払いなどが全般的にできなくなり、もはや事業や商売を継続することができなくなることを意味するものとします。

典型的なものとしては、たとえば、振り出した約束手形が不渡りになり、「銀行取引停止処分」になることです。約束手形の不渡りを6ヵ月以内に2回出すと、「銀行取引停止処分」となり、もはや事業や商売を継続することは事実上できなくなります。

また、主要な仕入先の仕入代金が未払となり、主立った商品の仕入を止められてしまったような場合にも、もはや事業や商売を継続することはできなくなります。

4

倒産の原因、倒産に至る経緯

このような倒産という事態を招く原因やそこに至るまでの経緯は、それぞれの会社によって様々ですが、大きく分けるといくつかの原因やパターンがあり、これらのうちの一つないしは幾つかが重なって倒産に至るというケースがほとんどです。

その一つは、構造的な不況などが原因で仕事が減った、あるいは極端な場合には仕事がなくなってしまったという場合です。

この場合には、そもそも売上の元となる仕事がないわけですから、利益が出るはずもなく、逆に会社は存続するだけでも、毎月最低限の固定経費（会社事務所の賃料や光熱費、人件費など）がかかるため、会社を続ければ続けるだけ赤字となり、会社はいずれ倒産に至ります。

また、仕事があったとしても、利益の出ない状態が長期間続けば、会社は倒産します。

その典型的な例が、バブル期などに過大な設備投資をしてしまった場合です。

この場合には、売上がさらに伸びることを見込んで製品を増産しようと、銀行などから多額の借入をして新しい工場を建設したり、新しい機械を購入したものの、その見込みが外れてしまったような例です。製品への需要がほとんどなくなり、新しく建設した工場も新しく購入した機械も無用の長物と化して、ただ多額の借金だけが残り、これが会社の経営を圧迫するのです。そして、その借金の利息返済が重くのしかかり、いくら仕事をしても売上のほとんどを借

金の返済に持って行かれてしまい、利益が出ずに赤字が続き、会社はいずれ倒産に至ります。

そのほか、過大な借入をして、その返済が売上の中からはできなくなり、返済のために高金利の商工ローンや消費者金融、クレジットカード会社のカードローンなどに手を出した場合にも、ほぼ間違いなくその会社は倒産します。

そもそも、会社経営者に経営能力が欠けている場合にも会社の倒産は免れません。

信じられない話かもしれませんが、債務整理や自己破産の相談に来る中小企業経営者の中には、会社の「売上」と「利益」の区別すらついていない経営者が珍しくありません。そこまでひどくなくても、会社の1年間ないしは月平均の粗利（売上高から売上原価を差し引いた大まかに示される利益）を聞いても、すぐに答えられる経営者のほとんどいないのが現状です。

このような大まかな経営状態の把握すらできないような経営者の会社では、売上の予測や損益分岐（黒字と赤字の分かれ目となる売上高や経費の金額）などを考えることができるはずもありません。そのため、実際に会社があげている売上に見合わないような多額の交際費等の経費を使ったり、高級外車を買うなどの浪費をして、気がつけば会社は赤字続きとなっており、必然的に倒産の憂き目に遭うのです。

倒産の原因と経緯

倒産≒経済的破綻

（弁済期にある債務の一般的な弁済不能による経済活動の続行不能状態）

例）
6ヵ月以内に2回の約束手形の不渡りによる
銀行取引停止処分を受けた

倒産に至る原因

① 仕事の減少　～業界の構造的不況～

② 赤字経営の継続　～過大な設備投資のツケ～

③ 過大な借入

④ 経営者の経営能力欠如

ほか

5

倒産するときの状況

それでは、実際に会社が倒産する際の状況とはどのようなものでしょうか。

ここにA株式会社という会社があります。

Aさんが代表取締役、Aさんの奥さんが取締役として経理を担当し、Aさんの弟も取締役としてAさんと一緒に仕事をしています。

土木建築の会社で、これまで主に公共事業の下請の仕事をしてきました。

A社は、バブル期に創業以来の最高益を記録し、その際に銀行から勧められて、多額の融資を受けました。その融資で、それまでレンタルで賄っていた工事用の重機を新たに購入するとともに、これらを保管しておく倉庫も土地を購入して新築しました。

この銀行からの融資に際して、Aさんは自宅を担保に入れ（根抵当権の設定）、Aさん夫婦、弟も個人保証（連帯保証）をしました。

ところが、バブル崩壊後の不景気によって、公共事業が激減し、仕事は先細りで回復の目途がたちません。

A社は、次第に銀行への返済が滞るようになったため、銀行の担当者に相談して、毎月の返済額を減らしてもらいました。しかし、それでも返済ができなくなってきました。

もうこれ以上、銀行に毎月の返済額を減らしてもらうこともできず、仕方なくAさんは会社

倒産のモデルケース

A株式会社　土木建築業

A：代表取締役

Aの妻：取締役（経理担当）

Aの弟：取締役

バブル期

銀行から多額の融資 → Aの自宅に根抵当権設定
A、Aの妻、Aの弟連帯保証

↓

◎工事用重機の購入

◎土地を購入して、倉庫を新築

バブル崩壊後

銀行への返済困難

↓

返済額の減額交渉

↓

返済のために商工ローンから会社手形を担保に借入

↓

返済のためにA夫婦、弟が消費者金融やクレジットカード会社から借入

↓

商工ローンへの返済不能で、会社手形不渡

事実上の倒産

◎A夫婦は、自宅など全ての財産失い自己破産

◎Aの弟も、全ての財産を失い自己破産

名義の手形を担保にして商工ローンから借入をするようになりました。商工ローンは会社の手形を担保に取るだけではなく、Aさん夫婦や弟の個人保証も要求しました。そうして借り入れたお金を銀行への返済に充てて、とりあえずその場を凌ぎました。

しかし、それも長続きせず、今度は商工ローンの担保に入れた手形を不渡りにしないために、資金繰りをしなければならなくなりました。もはや会社名義での借入はできなくなり、Aさん夫婦や弟が、それぞれ個人名義で、消費者金融やクレジットカード会社から借入をして、これを返済に回しました。

このような自転車操業状態は、結局2年ももたずに破綻します。

そして、とうとう業者への支払のために振り出していた手形の決済が、どうしてもできなくなりました。

この時点で、会社の債権者だけでも、銀行、旧国民生活金融公庫、商工ローン数社、業者20社（うち5社に手形を振出）、従業員10名（未払給与あり）でした。

ほかに、Aさん夫婦と弟も、それぞれが10社以上の消費者金融やクレジットカード会社から個人名義での借入をしていました。

結局、業者への手形が不渡りとなり、その噂が取引先などの関係者間に一気に広まりました。その日のうちに、半数以上の取引業者がA社に押し掛けてきて、Aさん夫婦や弟に詰め寄り、支払を求めて怒号しました。また、いくつかの取引業者が、A社の倉庫に乗りんで、勝手に重機などを持ち帰ってしまいました。さらに、他の取引業者も各々A社の事務所にあった事務用

品など金目のものを持ち帰りました。

それだけでは済まず、それまでも取り立ての厳しかった商工ローンや消費者金融からは毎日何度も電話で矢のような督促や取立があり、中には直接押し掛けてきて、手元にある数万円だけでも支払うよう強く求めてくる業者もありました。

ここ数ヵ月の給与が未払いのままの従業員らも、Aさんらに詰めより、うちの数名は労働基準監督署に乗り込み、賃金不払いを訴えました。労働基準監督署の職員からも何度も電話が入りました。

銀行は、保証会社から代位弁済を受け、保証会社は担保権を実行して、Aさんの自宅を競売にかけてしまいました。

こうしてA会社は一切の財産をなくして倒産し、Aさん夫婦は自宅を含めた全ての財産を、弟もまた全ての財産を、それぞれ失う羽目になりました。

倒産に際しては、こういった状況が毎回繰り返されているのです。

6

会社をたたむことを考えるタイミング

仕事がない場合

まずは、自らの会社が属している業界自体が、衰退業種であるなどの理由によって仕事が減り、今後も仕事が減り続けるだけで増える見込みがない。かといって新しい需要のある仕事を創り出していく力も会社にはないため、会社の業績が回復する見込みのない場合です。

このような場合は、当然、売上が立たないわけですから、会社の経営を継続することは不可能であり、会社をたたむほかありません。

赤字が続いている場合

次に、仕事はあったとしても、赤字が続いている場合です。

では、どのくらいの期間、赤字が続けば、会社をたたむことを考えるべきでしょうか。

ここに言う赤字とは、売上から経費を引いた段階でマイナスになっている状態を指すものとします。

フローチャートで見る会社をたたむタイミング

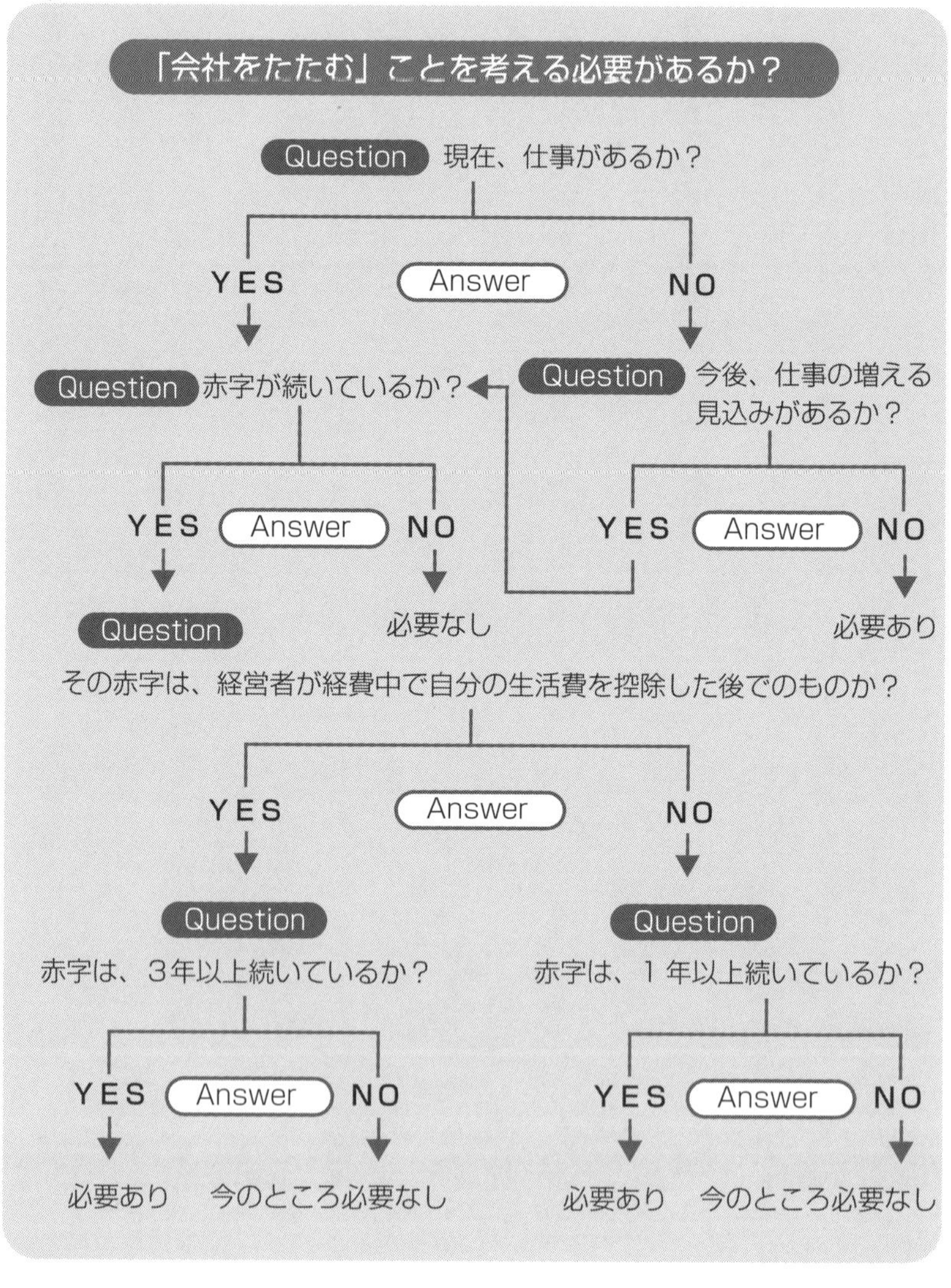

①経営者の生活費が賄えている場合

ここでの経費の中に、会社経営者の給与（名目のいかんを問わず、経営者の生活費に充てることのできる金銭）が含まれており、マイナス部分を銀行や日本政策金融公庫などの低金利の借入で埋めることができている場合には、赤字が3期（3年間）連続しているかどうかが目安となります。この場合には、一応、会社の売上で経営者の生活は成り立っており、かつ、マイナス分も銀行等から借り入れた低金利の運転資金で賄えているので、まだそれほど危機的な状況には至っていません。

しかし、3年連続で赤字になるということは、その会社が利益をあげるためのしくみを上手く作ることができていないということです。したがって、その時点で、売上の増加を図ったり、人件費などの経費を削減するなど思い切った変革をしなければ、そのまま赤字の状態が続き、いずれは倒産の憂き目に遭うことになります。

②経営者の生活費が賄えていない場合

これに対して、同じ赤字でも、売上から差し引く経費の中に会社経営者の給与に相応するものが含まれていない場合には、1年の赤字でも、会社をたたむことを考えるべきです。

この場合には、会社の売上で経営者の生活が成り立っていないわけですから、当然、その生活費をどこからか個人的に借り入れなければなりません。

そもそも会社自身が、その運転資金を先に述べた銀行等からの低金利の借入で賄うことができていれば、このような事態には陥りません。結局は、会社経営者が生活のために、消費者金融等の高金利の借入に頼らざるを得ないという状況であることを意味します。高金利の借入が1年も続けば、その借入総額はあっという間に300万円以上に膨らみます。

サラリーマンなどの定期収入のある者ですら、毎月の収入では完済することが困難となり、むしろ借金が雪だるま式に増えていく状態に陥ります。このような状態に陥り、かつ、収入のない状況なのですから、会社をたたんで他の収入を得ることのできる仕事に就くことを考えるべきであることは明らかでしょう。

運転資金を高金利の借入に頼っている場合

また、会社の運転資金を、銀行、信用金庫や日本政策金融公庫などの低金利の借入では賄えなくなり、それら以外の高金利の借入に頼らなければならない状況に陥っている場合にも、会社をたたむことを考えるべきです。

このような高金利の借入をするということは、もはや借入を会社の売上の中からは返済できなくなっているということです。返済ができていないので、低金利の融資が受けられなくなっているわけです。にもかかわらず、銀行などの低金利の借入を返済するために、わざわざ高金利での借入をする経営者も少なくありません。

このような場合には、売上の大部分を高金利の借入の返済に持って行かれ、早晩、会社は倒

産します。通常、銀行等の低金利の借入よりも、その他の高金利の借入の方が取り立ても厳しいので、ついつい経営者は、高金利の借入の方を優先して返済します。その結果、いくら仕事をしても、いっこうに利益は上がらないばかりか、早い時期に銀行等に対する返済もできなくなり、会社経営は破綻します。

後継者がいない場合

会社を経営する後継者がいない場合にも、会社をたたむことを考えるべきです。この場合には、他の場合と違って、誰も会社経営を担う者がいない以上、会社をたたむしかないのです。

7 いったい誰に相談すればいいのか

会社をたたむかどうかを考える際に、まず相談をする相手としては、会社の顧問税理士がいれば、その顧問税理士ということになるでしょう。

これまでに述べたように、会社をたたむかどうかを決めるにあたっては、まずは会社に利益が出ているかどうかといった経営状態を数字から分析することが必要です。これまでの会社の収益状況や財務内容を数字で把握しているのは顧問税理士です。優秀な顧問税理士であれば、過去の数字と、現在の状況から、将来の予測もある程度立ててくれるでしょう。

ただ、その前提としては、経営者が顧問税理士に対して、正直に売上や経費などを申告している必要があります。

中小企業の経営者が、税金を少しでも払わなくて済むように、あるいは銀行等からの融資を受け易くするため、顧問税理士に対して、売上や経費を正確に伝えていなかったり、資産を隠したり、借入をしているのにそれを隠したりしているといったことは珍しくはありません。これでは顧問税理士は会社の経営状態を正確に把握できません。税理士も知らず、帳簿には載っていない、いわゆる簿外資産や簿外負債が存在するような状態では、顧問税理士の把握している会社の数字がほとんど意味を持たなくなってしまいます。

したがって、まず身近な存在としての顧問税理士に相談をする場合には、仮にそれまで隠していた事実があれば、全てを正直に告白すべきです。その上で、まず顧問税理士に会社の正確な数字を把握してもらいましょう。

そして、その顧問税理士からアドバイスを受けることになります。税理士は会社の数字面を最もよく把握しており、かつ、経営者と接する機会も多いため、経営者の性格などの情報も加味した上での適切なアドバイスができるという点ではメリットがあります。

しかし、税理士は必ずしも会社法などの法令や債務整理に関する各法律制度に精通しているわけではなく、また、経営者に近い立場にあることから情に流されるなどして客観的な判断が鈍る可能性があるといったデメリットもあります。

その結果、適切でない処理方法を勧めたり、いたずらに事業を継続させて傷口を広げてしま

うといった事例も散見されます。

したがって、まずは顧問税理士に相談してアドバイスを受けることは良いとしても、顧問税理士の判断に任せてしまうのではなく、早い時期に弁護士にも相談をすべきです。

もっとも望ましい形は、顧問税理士と信頼関係を有している弁護士を顧問税理士から紹介してもらい、早期に弁護士にも相談し、顧問税理士と弁護士が連携して対処できる体制を作ることでしょう。

また、経営コンサルタントの利用が有効な場合もあります。

たとえば、売上アップを図るための経営戦略の相談など、会社経営を立て直していく方向での相談や事業を譲渡する際の譲渡先探しなどは、経営コンサルタントが適任である場合があります。ただし経営コンサルタントには特別な資格が必要とされていないため、中には脱税などの違法な行為を指南したり、不当に高額な報酬を要求する者も要るので注意が必要です。

このように、会社経営が上手くいかなくなってきたときには、できるだけ早い段階で、税理士、弁護士などの専門家に相談をするべきです。

ただし、あくまで、最終的な決断をするのは会社を代表する経営者本人にほかなりません。ですから、専門家のアドバイスを鵜呑みにするのではなく、自らも判断をするために必要な最低限の知識を日頃から養っておく必要があるでしょう。

そのためには、関連する書籍を読んだり、セミナーに参加するなどの努力が欠かせません。ぜひ、本書も大いに役立ててください。

第2章

会社のたたみ方

1

会社をたたむ方法

会社のたたみ方には、いくつかの方法があります。

典型的なものとしては、会社がそれまで行ってきた商売や事業を終了させる形でのたたみ方です。

これは、その字のとおり、商売や事業そのものを完全にやめてしまう会社のたたみ方です。

その中には、大きく分けて、法的手続き、すなわち裁判所における手続きを利用する方法と、そのような法的手続きを利用しないで行う方法とがあります。

法的手続きを利用しない方法としては、**事実上の廃業**と**任意整理**という2つの方法があります。任意整理は私的整理とも言います。

他方、法的手続きを利用する方法としては、**自己破産**や**特別清算**といった方法があります。いずれも最終的に、会社がそれまで行ってきた商売や事業を終了させ、会社は消滅します。

中小企業が特別清算という手続きを取ることはまれなので、本書ではこれには触れず、それ以外の事実上の廃業、任意整理（私的整理）、自己破産について説明することにします。

次に、会社がそれまで行ってきた商売や事業を終了させずに他人に引き継ぐ形でのたたみ方があります。

これは、会社がそれまで行ってきた商売や事業の全部または一部は継続させますが、これを

会社をたたむ方法・立て直す方法

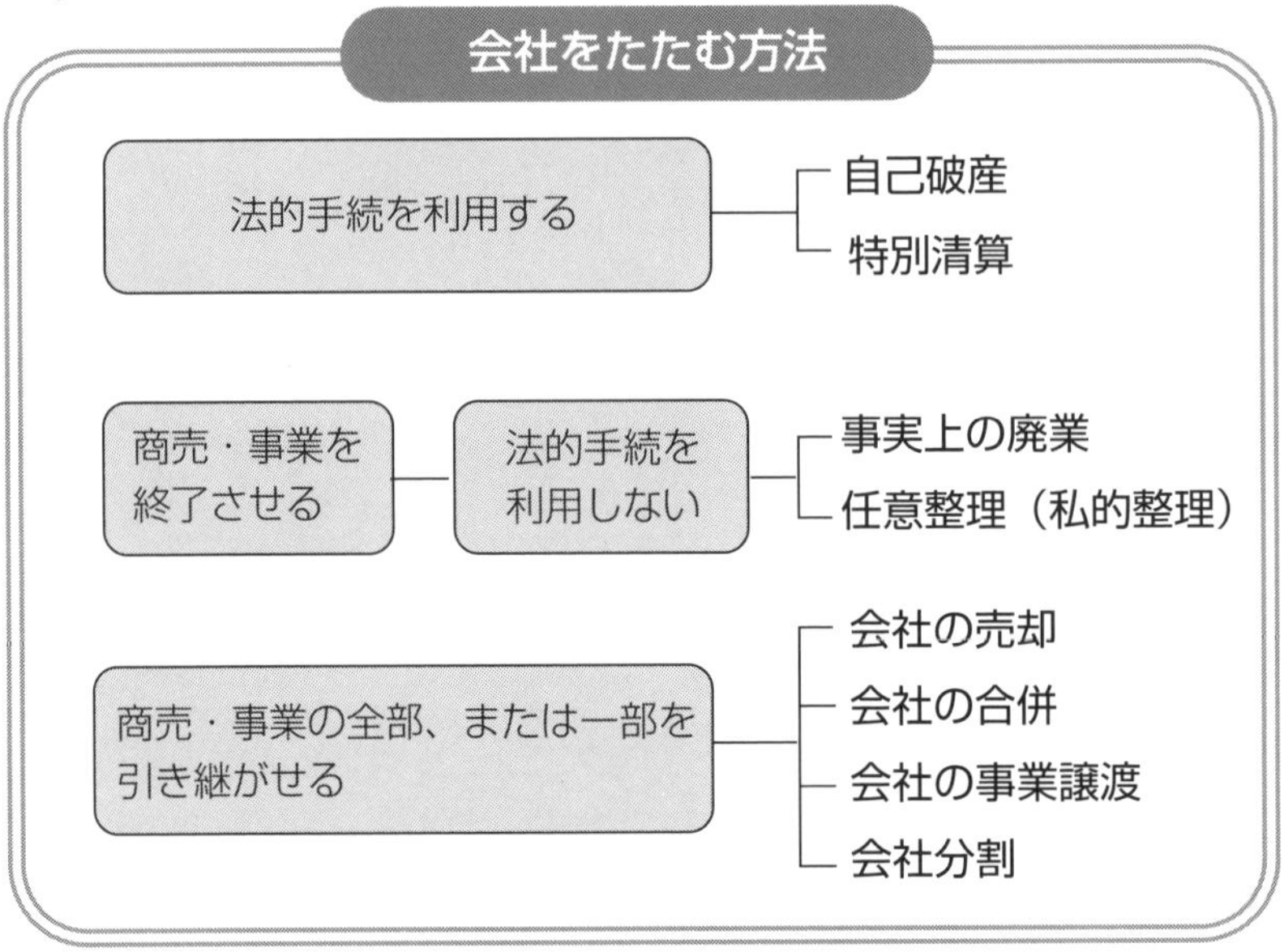
会社をたたむ方法
法的手続を利用する
自己破産
特別清算
商売・事業を終了させる
法的手続を利用しない
事実上の廃業
任意整理（私的整理）
商売・事業の全部、または一部を引き継がせる
会社の売却
会社の合併
会社の事業譲渡
会社分割

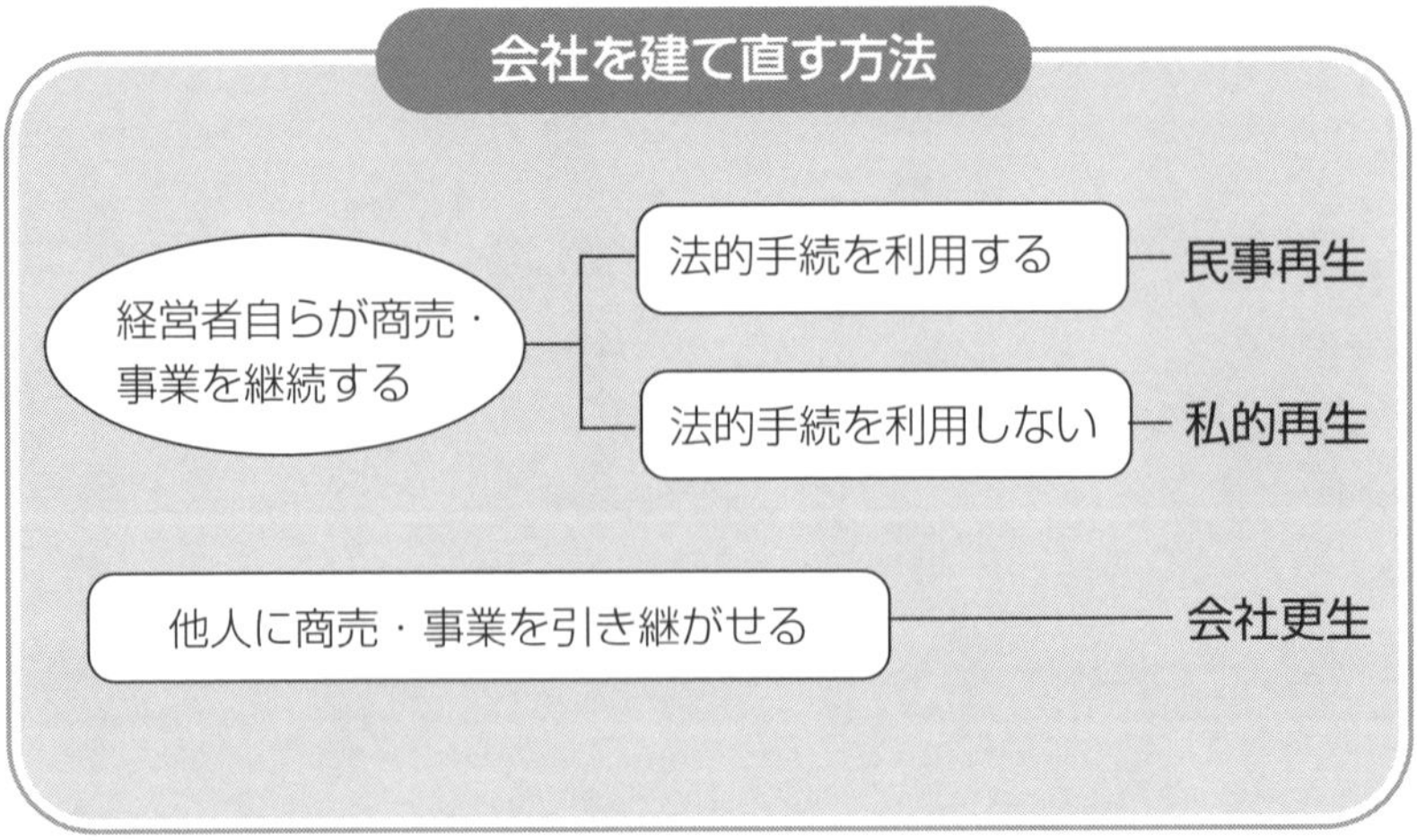
会社を建て直す方法
経営者自らが商売・事業を継続する
法的手続を利用する
民事再生
法的手続を利用しない
私的再生
他人に商売・事業を引き継がせる
会社更生

他人に譲るなどして引き継がせることで、元の経営者はその商売や事業から離脱するものです。

この場合は、会社自体が消滅するわけではないので、厳密には会社をたたむとは言えないものも含まれますが、経営者の立場からすれば、自らが会社でそれまで営んできた商売や事業を終えるという意味で、これらも会社のたたみ方に含めさせていただきます。

このような方法としては、**会社の売却**や**会社の合併**といったもののほか、**会社の事業譲渡**や**会社分割**があります。

会社自体を第三者に全部譲る方法としては、会社の売却と会社の合併がありますが、会社の合併と比べて会社の売却の方が手続きが簡単なため、中小企業が会社の合併の方を利用することはそれほど多くはないでしょう。よって、本書では、会社の合併については、利用される可能性のある**吸収合併**について触れる程度にしておきます。

また、会社の事業譲渡や会社分割は、会社をたたむために、これらと任意整理（私的整理）や自己破産を組み合わせて利用する場合があるので、それらの場面を想定して説明することにします。

なお、会社経営者が会社を建て直して、自ら商売や事業を継続する方法として、法的手続きを利用しない会社の私的再生や法的手続きを利用する**民事再生**がありますが、これらは会社をたたむ方法ではないので本書では取り上げません。

また、原則として、会社を建て直して、会社がそれまで行ってきた商売や事業を継続させ、これを他人に引き継がせる法的手続きとして、**会社更生手続き**がありますが、中小企業がこの

手続きを利用することはまれなので、本書ではこれにも触れません。

以上のように、本書で取り上げる会社のたたみ方は、会社がそれまで行ってきた商売や事業を終了させる形でのたたみ方としての、「**事実上の廃業**」、「**任意整理（私的整理）**」、「**自己破産**」と、会社がそれまで行ってきた商売や事業の全部または一部を終了させずに他人に引き継ぐ形でのたたみ方としての、「**会社の売却**」、「**会社の合併**」、「**会社の事業譲渡**」、「**会社分割**」です。

それぞれについては、次章以降で詳しく説明しますが、ここではこれらの概要を簡単に見ておきましょう。

2

事実上の廃業

事実上の廃業という方法は、第1章16頁でケース1として挙げたものです。これは、それまで行ってきた商売や事業を、事実上やめてしまうだけという方法です。特に弁護士に依頼するまでもなく、経営者自らが決断すれば事が足ります。

ただし、それまでの借入の返済などについて問題のないことが必要です。この方法で会社をたたむのが可能なのは、個人事業者と変わらないような規模の小さな会社の場合が最も多いでしょう。

3

任意整理（私的整理）

任意整理とは、商売や事業をやめるとともに、その際に残る金融機関からの借入の返済などの事後処理を、裁判所による法的手続きを使うことなく、金融機関などの相手方との話し合いによって行うことです（第1章18頁のケース2）。

この場合には、金融機関などの相手方との交渉のために、弁護士を依頼すべきです。

この任意整理によって、会社をたたむためには、借入の返済などに充てる金銭を作るために処分できる財産（不動産等）を会社自身か、あるいは代表者個人などが所有している必要があります。つまり、事後処理をするために必要な費用の捻出ができなければ、この方法は使えないということです。

個人事業者より少しだけ規模が大きい程度の会社であれば、この方法で会社をたたむことのできる場合があるでしょう。

4 自己破産

自己破産は、裁判所に自己破産の申立を行い、裁判所の破産手続きによって会社をたたむ方法です（第1章19頁のケース3）。

この場合も、通常は裁判所への申立手続きを弁護士に依頼することになります。

会社の抱える負債が大きく、会社や代表者個人などの財産を処分しても、到底返済ができない場合には、任意整理によることができず、この自己破産によらざるを得ません。

会社の規模がある程度大きくなると、通常は抱える負債も大きく、任意整理による処理は困難なため、自己破産によることになります。

5 会社の売却

会社の売却とは、文字通り、会社自体を第三者に売却してしまうことですが、具体的には、会社の発行済み株式をすべて第三者に売却することになります。

全株式を売却することにより、会社財産や支配権は全て、第三者に移行し、売却した経営者は会社関係から離脱します。

この場合にも、株式売却に伴う法律問題を処理する必要があることから、弁護士に依頼するのが望ましいでしょう。

第三者が購入するだけの価値が会社にあり、また当然のことですが、売却先が見つかる必要があります。

6

会社の合併

会社の合併には、**吸収合併**と**新設合併**の2種類があります。

吸収合併とは、合併する二つ以上の会社のうち一つが存続して、他がその存続する会社に吸収されて消滅するケースを言います。

新設合併とは、新しく会社を作って、ここに合併する二つ以上の会社がすべて吸収されて消滅するケースを言います。

通常、合併と言えば吸収合併の利用されることが多い上、中小企業が事業を譲り渡す場合のほとんどは吸収合併を利用すると考えられるので、本書では吸収合併について触れることにします。

経営していた会社は、他の会社に吸収合併されることにより消滅し、経営者は会社経営を終えます。

7

会社の事業譲渡

事業譲渡とは、会社そのものではなく、会社が営んでいる事業のみを第三者に譲り渡す（売却する）ことです。

会社法が施行される以前の商法では**営業譲渡**と呼ばれていました。こちらの方が馴染みがあって、分かり易いかも知れません。

会社を器とすれば、事業（営業）はその中身である利益をあげるためのしくみです。

会社に負債が多いなどの理由で経営が立ちゆかなくなった場合でも、会社が行っていた事業自体には価値が認められる場合があります。

たとえば、会社が単一ではなく、いくつかの事業を営んでおり、その中に一つだけ採算の取れている事業がある場合、この事業だけを売却できる可能性があります。

また、単一の事業しか営んでおらず、しかも採算が取れていない場合でも、他の会社がその事業を譲り受ければ、その会社の他の事業との関連で採算が取れるようになる場合もあります。

このように事業自体に価値がある場合には、これを相当な対価で第三者に売却し、その代金を会社の任意整理のための費用に充てたり、自己破産手続きの費用に充てるなどして、会社をたたむことが考えられます。

8

会社分割

会社分割とは、一つの会社を二つ以上の会社に分割することです。

これにより会社がいくつかの事業を営んでいる場合に、そのうちの一つの事業部門を会社として独立させることができます。

前記の事業譲渡の場合と同様に、会社に負債が多いなどの理由で経営が立ちゆかなくなった場合でも、会社が行っていた事業自体に独立させる価値が認められる場合があります。

そのような場合に、会社分割をして、ある事業部門を独立させ、その分割により独立させた会社を相当な対価で他の会社に売却し（これを**吸収分割**と言います）、その対価を会社の任意整理のための費用に充てたり、自己破産手続きの費用に充てるなどして、会社をたたむことが考えられます。

第3章

会社をたたむための段取り

1

たたむ段取りを始める前に

会社をたたむにあたっては、そのための段取りが必要です。

その前提として、まずは既に第1章で述べた、会社をたたむことを考えるタイミングにあるかどうかを確認してください。

今後も仕事が減り続け、会社の業績が回復する見込みがない。あるいは、仕事はあったとしても、赤字が続いている。売上から会社経営者の給与を含む経費を差し引いた段階でのマイナスが3期連続している。ないしは、売上から会社経営者の給与に相応するものが含まれていない経費を差し引いた段階でのマイナスが1年間連続している。

このような状況下にあって、経営者本人が、税理士、弁護士に対する相談などを踏まえて、自ら会社をたたむという最終的な決断をするというのが出発点です。

その上で、税理士に依頼して、会社の財務内容等の確認から始めましょう。

2

会社の財務内容等の確認

税理士に対して、これまで正直に売上や経費などを申告していなかった場合であっても、この段階からは、必ず正直に全てを伝えるようにしてください。少なくとも、税理士が把握していない、いわゆる**簿外資産**や**簿外負債**などが存在しないようにする必要があります。税理士に会社の正確な数字を把握してもらいましょう。

具体的には、それまでに損益計算書や貸借対照表といった決算書が作成されていれば、それをチェックしていきます。

顧問税理士を依頼していれば、確定申告書に決算書が添付されているはずです。

まず、損益計算書から売上の推移や経費の内訳などを確認します。

これによって、事業自体に収益性があるのかどうかを検討しましょう。

経費に無駄が多く、その無駄な経費を節減すれば粗利が出るようなら、事業自体に価値が認められる可能性があります。

また、いくつかの事業を営んでいる場合には、事業部門ごとに収益性を検討すれば、価値のある事業部門が存在するかもしれません。

この結果いかんでは、事業譲渡や会社分割といった選択肢が出てくることになります。

次に、貸借対照表から資産、負債の内訳などの確認します。この際に、簿外資産や簿外負債

があるような場合にはこれらを十分に考慮します。

負債については、その内訳を必ず全て書き出します。負債総額、債権者の数やその内訳・内容は、事実上の廃業で済むのか、それが無理でも任意整理による処理であれば可能か、あるいは自己破産を選択せざるを得ないのかの判断をするために大変重要です。

未払の振出手形や小切手の有無は必ず確認してください。既に述べたように、不渡りを出してしまうと、銀行から取引停止処分を受けて、即倒産ということになりかねないので、十分な段取りをする時間すら失うおそれがあります。

また、取引先に対するものか、それ以外に対するものか、さらに取引先以外に対するものについては、銀行などの金利の低い金融機関に対するものなのか、高金利の業者からのものかも会社をたたむ方法を選択する際の決め手となります。

資産については、帳簿上の価格ではなく、その時点で現実に処分する場合の処分価格に評価し直すことが必要です。

不動産などは、その取得時期によって、帳簿上の価格と時価との間に相当程度の開きがありますので、帳簿上の価格はあてになりません。簡易な方法としては、不動産業者の無料査定を利用すればよいでしょう。複数の業者から査定を取れば、おおよその処分価格が判明します。

また、不動産については、その不動産に設定されている担保（抵当権や根抵当権等）とその被担保債権（担保を設定した際の借入等）の残額を必ず確認します。これによって、その不動産が売却可能か否かのおおよその判断をすることになります。

売掛金や貸付金については、回収できる時期や金額などのほか、回収の可能性も考えて、金額をあげていきます。

在庫商品や自動車、機械・工具類、什器備品などは、換価可能な金額で低めに評価していくべきです。これらについては、所有権留保（代金を支払わなければ、売り主が引き上げることのできる権利）がついていないか、そもそもリース品ではないかなどにも注意します。

このように会社の資産と負債をしっかり把握することで、会社の売却や事業譲渡が可能かどうかの判断もできるようになります。

3 従業員関係の確認

また、従業員を雇用している場合には、その人数や給与を給与台帳などをもとに確認しておかなければなりません。

未払の給与等があれば、当然にそのチェックも必要です。解雇という事態になった場合には、未払給与額や解雇予告手当額を明らかにする必要が生じます。自己破産ということになれば、これらは手続きの中で優先的に支払われるべき債権（これを財団債権と言います）になります。

4

保証関係の確認

前出の会社の財務内容等や従業員関係の確認と併せて、必ず会社債務の保証関係も整理しておく必要があります。

ほとんどの会社では、会社の借入等について、代表者個人はもちろんのこと、その家族、場合によっては親族、友人、知人までが個人保証をしています。

この個人保証は、ほぼ全てが連帯保証であり、保証人は法律上、借主である会社と同じ義務を負っているのです。通常は、借主である会社が返済をしていれば、保証人に対して支払いを請求されることはありませんが、法律上は、貸主はいつでも保証人に支払いを請求できることになっています。

また、先に挙げた者たちが、会社の借入につきいわゆる**物上保証**をしていることも多く見られます。物上保証人とは、自分の所有する不動産権に担保を設定させている者です。連帯保証と違って、直接支払いを請求されることはありませんが、借主である会社が支払いを怠ると、担保権を実行されて（競売されて）担保権を設定させた不動産を失う可能性があります。

これらの保証人の範囲やその内訳を明らかにしておくことは極めて重要です。

下手をすると、会社が自己破産するだけでは足りず、代表者個人はもちろんのこと、保証をした家族、親族、友人、知人までが自己破産しなければならない事態を招くことになります。

会社をたたむ段取り

1 会社をたたむことを考える必要があるか（P31 参照）

↓

2 経営者が、税理士や弁護士などに相談して、会社をたたむことを決断

↓

3 税理士に依頼するなどして、会社の財務内容等（資産、負債）の確認

↓

4 会社の従業員関係（雇用人数・給与等）の確認

↓

5 会社債務についての保証関係の確認

↓

6 会社をたたむのに最も適した方法の選択

会社のたたみ方を考えるにあたっては、これらの保証人についての問題は避けて通ることができません。

以上のように、会社をたたむための段取りとしては、まずはどの方法によるのが最も妥当かを決めるために、会社の**財務内容等の確認**、**従業員関係の確認**、**保証人関係の確認**といった地道な作業から始める必要があります。

それ以降の個別具体的な段取りについては、それぞれの方法の詳しい説明の中で述べることにします。

5

会社をスムーズにたたむには

会社をたたむ場合、取引先や債権者など会社関係者に対して、多かれ少なかれ迷惑をかけることになります。

自己破産による場合には、取引先まで連鎖倒産に追い込んでしまうような重大な影響を及ぼすおそれもあります。

そこで、できる限り、事実上の廃業によって穏やかに会社をたたむことが理想です。それが無理であっても、任意整理であれば、まだ自己破産の場合のように関係者に多大な迷惑をかけるおそれは少ないと考えられます。したがって、まずは事実上の廃業によって、それが無理で

も任意整理によって会社をたたみたいものです。

そのためには、会社を経営する代表者が日頃から、会社経営をしっかりと行っていることが必要です。

代表者は、日頃から会社の経理状況を正確に把握しておくよう努めるべきです。税理士任せにしてしまってはいけません。

売上高、経費（固定経費と流動経費に分けて）、利益については、もちろんのこと、負債（借入）状況や資産状況もリアルタイムで把握しておきたいものです。

負債（借入）状況としては、借入先、毎月の返済額、完済予定時期、担保差し入れの有無、保証の有無、借入残高といったところです。

資産状況としては、所有不動産については、担保の有無、担保の残債務額、時価（その時点の取引相場によるおおよその価格）など。在庫商品については、その種類、数量、不良在庫の割合など。売掛金については、売掛先、金額、支払期限などが考えられます。

このように会社の経理状況を把握した上で、相当な資産を保有し、できるだけ負債が少なくなるよう心がけ、利益の出るしくみを構築して維持していかなければなりません。

負債面では、借入は、銀行、信用金庫、日本政策金融公庫などからの低金利の借入に限るべきです。

そして、できる限り会社所有不動産の担保提供と信用保証協会の保証だけにしてもらって、代表者個人等の担保提供や保証はしないように努力しましょう。これらついては、交渉次第と

いう面も少なからずあります。申し入れだけでもやってみて損はありません。

また、仮に担保提供や個人保証をしなければならない場合でも、代表者1名だけがするように努めてください。親族や友人、知人などに担保提供や保証を求めることは避けるようにしましょう。これらの者を巻き込んではいけません。ですから、親族や友人、知人からの借入などは御法度です。絶対に避けましょう。

そして、資金繰りが苦しくならないよう、売上はできるだけ現金で、しかも早く回収し、無駄な経費は使わないようにして、常に手元に現金のある状況を作り出し、キャッシュフローを良くしておく必要があります。

ノンバンクから借入をしなければならないようだと危険信号だと思ってください。

どうしても返済が苦しいときには、買掛金など取引先への支払いを優先してください。取引先への支払いの遅滞や未払は極力避けるべきです。銀行などへの返済は、3ヵ月までの滞納であれば致命傷にはなりません。事前に返済猶予の申し入れを行うとよいでしょう。

資産面では、売掛金の回収は怠らないようにしてください。多少手間がかかっても、日頃から回収作業に努めてください。

また、過大な設備投資は禁物です。設備投資は、慎重に慎重を重ねて行うようにしましょう。常日頃から、身の丈に合った規模の経営を心がけることが、会社をスムーズにたたむためには重要です。

万が一のときのために、ふだんから気をつけておきたいこと

◎できる限り穏やかに会社をたたむためには、経営者が日頃からしっかりと会社経営を行う

1 常日頃から、会社の経理状況を正確に把握しておく。

2 利益の出るしくみを構築して、維持していく。

3 借入は、銀行・信用金庫・日本政策金融公庫等の低金利の借入に限る。

4 借入の際に、できる限り、会社以外の者の担保提供や保証はしない。

会社以外の者が担保提供や保証をする場合でも、代表者1名のみにしておく。

決して、親族、友人、知人などから借り入れたり、担保提供や保証を求めない。

5 常に手元に必要となる現金があるように、会社のキャッシュフローを良くしておく。

6 日頃から、売掛金の回収作業を怠らないようにする。

7 過大な設備投資はせずに、身の丈に合った経営を心がける。

6

同族会社のメリットとデメリット

中小企業には、身内だけで事業や商売を営んでいる、いわゆる同族会社が多く存在します。

同族会社では、気心の知れた身内だけであるということで、会社内の意思疎通もスムーズにいき、「阿吽《あうん》の呼吸」で物事が進んでいくなどのメリットも多いでしょう。

しかし、会社をたたむという観点からは、次のようなデメリットがあります。

まず、そもそも会社をたたまなければならなくなる原因を作り出す要素があります。

すなわち、同族会社の経営が傾くのには、同質的な考え方や価値観を共有する人間ばかりが集まっているため、いったん会社経営が悪い方向に進み出すと、これに歯止めをかけたり、修正をすることが困難であるという面があります。

また、同族会社では、代表者のワンマン経営であることが多く、会社創業期にはそれがプラスに働くことが多いのですが、代表者が会社経営上誤った判断をした場合に、これを諫める者がいないといった危険因子を内包しています。

さらに、これが一番の問題なのですが、会社をたたまなければならない状況に陥ったときに、代表者ら一族の生活を維持していく途がなくなってしまう危険があるということです。

たとえば、夫が代表者、妻が経理担当、子供が全員従業員であるという同族会社の場合、会社の経営が傾くと、家族全員の収入の途が途絶えてしまうことになります。それればかりか、家

族全員が会社の債務を保証しているような場合には、会社の自己破産に伴い、家族全員が自己破産をせざるを得なくなるという事態にもなりかねません。

現実に、こういったケースは、しばしば見られるところです。

さらに、家族だけでなく、親族一同まで巻き込んでしまっている場合もあり、そのような場合には、親族関係からの援助も一切期待できなくなってしまいます。

これまでに取り扱った事案の中に次のようなものがありました。

夫が代表者で、妻が経理担当、2人いる子供のうち1人は、従業員として会社の仕事を手伝っていました。

会社の負債額が大きくなり、会社は自己破産をせざるを得なくなりました。このとき、夫婦だけでなく、2人の子供も会社の債務につき多額の連帯保証をしていたので、家族全員が自己破産をすることになりました。

夫婦と会社の仕事を手伝っていた子供は収入が無くなり、自宅も担保に入っていたため、競売によって失いました。

ただ、この事案で唯一の救いは、子供のうちの1人が別の会社に勤務していたことでした。そして、その勤務会社に理解があったことも幸いし、そのまま勤務を続けることができただけでなく、さらに会社の斡旋で賃貸住宅を借りることもできました。

家族はその賃貸住宅に移り住み、当面は、その子供の給与でなんとか生活をしていくことが

できたのです。

このように、同族会社にありがちな、家族全員が同じ1つの会社からの収入のみに頼って生活をしている場合、会社をたたまなければならない状況に陥った際に、その後の家族の生活が大変大きな問題となります。

会社をたたまなければならない状況に陥りながらも、そのタイミングを逃して、ずるずると会社を継続してしまい、家族全員が自己破産となって路頭に迷うという最悪の事態を招くのは、このような同族会社の場合が多いように思われます。

決して同族会社が駄目だと言っているわけではありません。

ただ、今は景気の良い会社であっても、いつ何時、会社をたたまなければならない状況に陥ることになるかもしれないと考えるのであれば、家族全員がその同族会社からの収入のみに頼って生活をしているという状況はできる限り避けたいものです。

第4章

事実上の廃業と手順について

1

事実上の廃業とは

事実上の廃業とは、会社がそれまでに営んできた商売や事業をやめてしまうだけで会社をたたむことです。

この場合には、特に弁護士を依頼して処理しなければならないような事項はなく、経営者（代表者）自らが行うことを前提にしています。

第1章16頁でケース1として挙げたような、個人事業者とそれほど変わらない比較的小さな規模の会社が、会社をたたむ際に利用できる可能性が高いと考えられます。

ただし、必ずしも小さな規模の会社でなければ利用できないというわけではありません。

たとえば、少し大きな規模の会社であっても、無借金で経営を続けてきた会社であったり、会社ないしはその代表者個人が多額の資産を有しているような場合には、時間をかければ利用が可能です。

要するに、商売や事業をやめてしまったことで、後々、弁護士を依頼して処理したり、法的手続きを取らなければならないような事柄が残らなければよいわけです。

そういった厄介な事柄として、通常は以下のようなものが考えられます。

① 金融機関などからの借入の返済

②取引先との間の契約解除や、売掛等の回収、買掛等の支払い
③テナント物件の明け渡しやリース物件の返還ないしは買取
④在庫商品などの処分
⑤従業員の解雇

2

規模の小さな会社の場合

小さな規模の会社の場合には、そもそもこの前出の①〜⑤までが存在しないか、あるいは存在したとしても、弁護士を依頼せずに、経営者が自ら容易に解決できる場合が多いと考えられます。

自宅兼店舗で商売をしており、買い取ったレジや商品陳列棚などしか商売用の什器備品がなければ、そもそも③のテナント物件の明け渡しやリース物件の返還等は不要となります。

家族のみで従業員を雇っていなければ、⑤の従業員の解雇も不要です。

在庫も、そもそもそれほど大量にはないでしょうから、閉める際に閉店セールなどによってできる限り売却して、残りはゴミに出すなどして廃棄処分してしまえば、④の在庫商品などの処分も問題になりません。

②の取引先との間の契約解除や、売掛等の回収、買掛等の支払いについても、徐々に商売な

り事業を縮小していって、最終的に取引先の数が二つ、三つになり、取引額も少額になれば、難なくクリアーできてしまいます。

一番問題になるのは、①の金融機関などからの借入ぐらいでしょう。これについても、それほど多額ではなく、従来通りの返済が続けられるのであれば、そのまま返済を続けていけばよいだけで、弁護士を依頼する必要はありません。

このように、比較的小さな会社は、この事実上の廃業によって会社をたたむことのできる可能性が高いのです。

3

規模の少し大きな会社の場合

　これに対して、少し大きな規模の会社の場合には、どうしても資金的な余裕がなければ、事実上の廃業によって会社をたたむことができません。

　まずは、前出①の金融機関などからの借入の返済が最大の問題となります。当然借入額が多額であれば、毎月の返済額も大きく、これを従来通りに支払っていくことは困難です。そこで、弁護士に依頼して、なんとか返済していけるように交渉をする必要が出てきたり、自己破産を考えなければならなくなります。

　②の取引先との間の契約解除や、売掛等の回収、買掛等の支払いについても、取引先が多数に及ぶと、売掛等の回収に時間がかかる上、任意に支払わない取引先があれば、弁護士に依頼して回収をする必要が出てきます。

　買掛等についても、多額になれば、支払期日に全てを支払うことができず、弁護士を依頼してなんとか支払いをしていけるように交渉したり、あるいは自己破産を考えなければならなくなります。

　③のテナント物件の明け渡しやリース物件の返還等も、借りているテナントが複数あれば、その明け渡しの際に、保証金の返還請求や未払賃料の支払いなどについて法律的なトラブルが発生しやすくなります。

リース物件も同様に、その引き揚げや、残リース料の支払いなどについて法律的なトラブルが発生しやすくなります。そのような場合、弁護士を依頼して処理する必要が生じます。

④の在庫商品などの処分も、在庫が多ければ多いほど、その処分は大変です。また中には、委託販売の形式を取っているものがあったり、所有権が留保されていたりと、勝手に処分をしてしまうと、法律的な問題が生じるおそれも大きくなります。そのため、弁護士を依頼して処理する必要が生じます。

⑤の従業員の解雇についても、多数の従業員の解雇に伴う様々な法律的な問題の生じる可能性が高くなり、弁護士を依頼して処理する必要が生じます。

このように、少し規模が大きな会社であっても無借金であれば、最大の問題である①の金融機関などからの借入の返済についての問題がクリアーされることから、残りの問題を時間をかけて経営者自らが処理できれば、事実上の廃業により会社をたたむことが可能です。

また、①〜⑤の問題は、いずれもお金で解決できる問題なので、会社ないしはその代表者個人が多額の資産を有しているような場合には、弁護士を依頼しなくても、その資金力を生かして、自ら全ての問題を処理し、事実上の廃業により会社をたたむことが可能です。

事実上の廃業が可能かどうかの基準

①金融機関等からの借入が残らないか。残っていても 100~200 万円程度で、これまで通りに返済できるか否か

②取引先への買掛金等の支払→経営者自ら処理できるか否か

③テナント（賃借）物件の明け渡しやリース物件の返還など→経営者自ら処理できるか否か

④在庫商品、什器備品などの処分→経営者自ら処理できるか否か

⑤従業員の解雇→経営者自ら処理できるか否か

これら全てをクリアできること

4

事実上の廃業の手順

廃業を決意したならば、まずは、それまで営んできた商売ないしは事業を次第に縮小していくとともに、他に収入の途《みち》を作っていきます。

テナントを借りて、従業員を雇っているような場合には、これらが不要になる程度にまで、商売や事業を縮小していかなければなりません。

具体的には、仕入を減らしていくことや、仕事の受注、発注を減らしていくことです。特に支払の発生する仕入や仕事の発注を減らしていかなければなりません。

当然、これによって収入が減少しますから、よほど貯金などの財産の蓄えがない限り、他に就職先を探すなりして、最低限の生活費を稼ぎ出す途を作らなければなりません。

そのように言うのは簡単だが、実際に、新しい仕事なんてそんなに簡単には見つからないという声が聞こえてきそうです。失業率が過去最悪と言われる現状下で、新たに仕事を見つけるのが困難なことは百も承知です。しかし、会社をたたむ以上、その方法が事実上の廃業であろうと、任意整理、自己破産のいずれであろうと、新しい収入の途を作らなければ、明日から生活していくことができなくなるのは自明のことです。厳しい言い方かもしれませんが、それまでの商売や事業に結果的には失敗をしたのですから、当面はどんなことをしても食いつないで、捲土重来《けんどちょうらい》を期すぐらいの覚悟が必要です。

このようにして商売や事業が縮小できれば、テナントを解約して自宅に登記簿上の本店を移し、自宅兼事務所なり店舗とします。

そして、従業員は、30日以上前に解雇の予告をして解雇通知を出しましょう。30日以上前に解雇の予告をしておかないと解雇予告手当を支払わなければならなくなります。また、解雇には正当な理由が必要とされますが、廃業は原則として正当な理由となり得ます。

商売や事業を縮小していくにあたって、代金の支払や受取はできる限り現金で行うようにシフトしていきます。買掛や売掛を極力減らします。この期に及んで、手形による決済などはもってのほかです。

そして、在庫の商品なども徐々に減らしていき、最後に残った在庫商品については、閉店セールなどをして売り尽くすか、同業者や買い取り業者に買い取ってもらうなどして処分しましょう。機械や什器備品などについても同様です。どうしても残ったものについては、一度に廃棄処分すると費用がかかる場合には、少しずつゴミとして処分していくのも一つの方法です。

理想は新しく就いた仕事が主となり、それまでの商売や事業が副業と言える程度になることです。つまり、生活するための収入は新しく就いた仕事から得るようにして、それまでの商売や事業は縮小しつつ損得なしの状態にもっていくのがベストです。

このような状態になれば、最後は、経営者自らが、廃業日を決めて、それ以降は商売や事業をやめ、これで事実上の廃業となります。

廃業したことを、それまでの取引先やお客さんなどに知らせる必要があれば、通知や貼り紙

をして廃業した旨を外部に表明します。特別知らせなければならない相手がいなければ、あえて廃業したことを表明する必要はありません。

そして、会社の解散登記を法務局でした後、会社の清算手続きを行い、この清算の終了によって会社は消滅します。

これらの手続きは、税務処理とも関連するので、後述する「税務処理」のところで、まとめて説明します。

ただ、ここまで述べてきた事実上の廃業は、会社の清算手続きとしてやるべき事柄（債権債務を整理して残余財産を分配する）を解散登記するまでにやっておくことを前提としているので、会社の清算手続きと言っても特にやることはなくなっていることになります。あるとすれば会社の借入の返済が残っている場合に、その返済をすることのみです。通常は分配するような財産は残っていないでしょうから、残余財産の分配は問題となりません。

法律的には問題がありますが、清算手続きとして特にやるべきことがないような場合、解散登記だけをして、後は何もせずに放置されているケースも多いのが実状です。

事実上の廃業の手順

1. 商売･事業を縮小するとともに、会社の売上以外に別の収入源を作る
2. テナント（賃借物件）があれば、これを明け渡して、自宅を事務所ないしは店舗にする
3. 従業員を雇っていれば、30 日以上前に解雇通知をして、解雇する
4. 売掛金があれば回収し、買掛金は支払い、できる限り現金決済にしていく
5. 仕入（仕事の発注）を止めて、在庫を減らし、残った在庫商品は閉店セールなどで売却
6. 最終的に残った在庫商品や機械・什器備品等があれば処分する
7. 廃業日を決めて、廃業
8. 解散登記をして清算手続

5

事実上の廃業が可能かどうかの基準

事実上の廃業が可能かどうかは、これまで述べてきたように、商売や事業をやめることで通常発生する、①金融機関などからの借入の返済、②取引先との間の契約解除や、売掛等の回収、買掛等の支払い、③テナント物件の明け渡しやリース物件の返還ないしは買取、④在庫商品などの処分、⑤従業員の解雇といった問題を経営者自らが解決可能かどうかによります。

一般的には、会社の規模がある程度大きくなれば大きくなるほど、これらの問題解決を経営者自らの力のみでは行うことが困難となり、弁護士を依頼して任意整理や自己破産の申立をすることになるのです。

最も問題となるのは、①の金融機関などからの借入の返済や②のうちの取引先への買掛等の支払いといった返済、支払です。

事実上の廃業で会社をたたむためには、まずは、取引先への買掛等の支払ができなければ話にならないでしょう。取引先も中小企業であることがほとんどであり、買掛等の支払を免除してくれたり、猶予してくれることは期待できません。そんなことをしたら、その取引先も経営が危ぶまれることになるからです。とすれば、支払が滞ることで、もっとも強く支払を求めてくるのは実はこの取引先であり、この支払ができないと、最悪の場合、その取引先が債権者として破産申立をしてくることまでありえます。

このように、弁護士に依頼せず、事実上の廃業で会社をたたむ場合には、取引先への買掛等の支払を全てできることが必要です。

次に、金融機関などからの借入の返済ですが、これも一括で返済が可能であれば、理想的なのですが、なかなか現実にはそのようにはいかないでしょう。

では、どの程度の借入であれば、事実上の廃業が可能なのでしょうか。

これまでの経験上、新しく勤めに出た収入で生活しながら返済が可能な金額は、月に3～5万円が限界でしょう。返済期間は、基本は3年間で、最大でも5年間です。これ以上長期になると、返済は厳しいと考えてください。結局、金利も考えれば、返済が可能な借入の金額は、総額で約100万～200万円までというところです。

それ以上であれば、場合によっては弁護士を依頼して、任意整理をして、毎月の返済金額や支払期間を変更してもらう交渉をする必要が出てきます。

そもそも借入総額が大きければ、この任意整理も無理で自己破産しかありません。

そんなことはない、もっと金額が増えても返済可能なのではないか、という声が聞こえてきそうですが、これまでに多くの債務整理や個人再生案件を取り扱ってきた経験からすると、この金額ですら、途中で返済ができなくなる人がいるくらいです。

ちなみに個人再生手続きは最低弁済金額が総額100万円でこれを3年間で返済することとされており、ほとんどの申立案件がこの最低弁済金額での申立であることも、継続して返済を続けるということが、頭で考える以上に困難であることを物語っています。

6

廃業と他の方法との応用事例

この事実上の廃業は、他の方法と併用することが考えられます。

その一つは、後で説明する会社の事業譲渡と併用することです。

すなわち、会社が単一の事業のみを営んでいる場合、その事業を譲渡した後の言わば器だけの会社を、事実上の廃業という形でたたんでしまうことが考えられます。

もう一つの、併用できる場面は、会社の事業譲渡の場合よりはかなり少ないと思われますが、会社分割により独立させた会社を相当な対価で第三者に売却し、その代金を使って、残った会社を事実上の廃業という形でたたんでしまうことが考えられます。

7

廃業に伴う税務処理のポイント

まず、事実上の廃業の際の税務処理のポイントとなるのは、解散日をいつにするかということ、解散日までにするべきこと、解散日以後にするべきことの3つを分類することです。

ここで言う「解散日」とは解散登記をした日ではなく、株主総会で解散決議をした日を指しています。

「解散日」と言うと、この日以降は会社の存在が完全に無くなってしまうと勘違いされる方もおられるかもしれませんが、ここで言う「解散日」以降は、通常の営業状態から会社を消滅させる清算手続きに入るだけのことです。平成22年度税制改正により平成22年10月1日以後の解散については、基本的な法人税の計算方法は解散日前と解散日以後でも同じとなりました。

したがって、「解散日」以後も会社は清算をする目的で存続し、会社財産の売買や借金の返済もできます。その後、会社の残余財産が分配等の手続きにより無くなった時点ではじめて会社は消滅するのです。

事実上の廃業の場合、現状の資産と負債を把握して「解散日」を決定することにより、税金負担と手続上の事務負担を軽減することができます（詳しい内容は第11章を参照のこと）。そのためには、会社をたたむと決めた時点から、会社の貸借対照表に記載されている資産と負債の金額（帳簿価額）と実際の時価との差額を把握することを始めてください。

具体的には、資産については実際に現金にするといくらになるのかを算定していきます。

売掛金や未収入金については、事実上の回収不能（これを貸倒と言います）がないかどうかを検討し、帳簿上の金額から貸倒金額をマイナスして回収可能額を把握します。

在庫商品や土地、建物などは、実際に現時点で売ったらいくらになるのかを査定します。

そのほか貸借対照表上に記載されている資産についても、実際に現時点で現金化するといくらになるのかを査定してください。

このように会社の資産を現金化するのが会社をたたまれる際のポイントで、いかに売掛金等をもれなくきっちり回収し、在庫商品や会社設備を少しでも高く買い取ってもらうことに重点を置いてください。

負債については、代表者やその親族からの負債と金融機関や仕入先などの取引先からの負債に分類し返済の優先順位をつけ、貸借対照表に載っていない負債（いわゆる簿外負債）が無いかどうかを確認してください。具体的には、中途解約できない機械等のリース契約を解約することにより発生する損害金等がこれにあたります。

資産や負債の時価での評価段階で問題になるのが、資産の売却益（資産を売却した際に、会社の貸借対照表に記載されている資産の帳簿価額より高額で売却できた場合の差額）と代表者からの借入金等を返済しないでよいとした債務免除益です（この免除益は本来返済すべき金銭を返さなくて済んだことで、その金銭分の利益を得たことにされます）。

どちらも税金計算上は、収益とされますので法人税が課税されることとなります。

ただ、通常、経営不振等で廃業しようかという会社では、含み損ある不良資産（時価のほうが帳簿価額より低い資産）が多くあると思われますので、法人税の心配は少ないと思います。ただし、過去に安い価格で購入した土地のような、含み益のある資産がある場合には注意が必要となります。

事前に資産や負債の時価評価を行った結果、資産売却益等の収益が多額に発生してしまった場合には、役員に退職金を支払い、これを費用に計上するなどして法人税が課税される利益（課税所得）を圧縮するプランも考えられます。

では「解散日」を早く設定した方がいいのか、それともできるだけ遅く設定した方がいいのか、いずれなのでしょうか。

この点については、資産や負債の評価をした結果、売却益等の収益が発生しない場合に関しては、「解散日」をいつ設定しても、税金計算上は影響が少なくて済みます。

ただし会社が債務超過（資産より負債が上回った状態）で解散してしまうと煩雑な特別清算手続きになり、本書の趣旨である会社の上手なたたみ方とは離れてしまうこととなるので、解散日前には少なくとも債務超過から脱した状態にしておく必要はあります。

また「解散日」から会社消滅までの期間があまりに長いと、税金計算上の手続きや資金繰りが煩雑となりますので、できるだけこの期間を短くすることも税務処理上は、会社をたたむ際のコツとなります。

消費税についても気をつける点があります。

会社の資産を売却する場合には、当然ですが、消費税が課税されることになります。

通常、会社をたたむ過程では、消費税の上乗せされている商品の仕入や消耗品等の購入（これを課税仕入と言います）が極めて少なくなるでしょうから、消費税の計算で控除されるべき支払った消費税額が無いに等しくなるため、たとえば会社の在庫商品などの棚卸資産や車両を1千万円（税込）で売却した場合、約47万円程度の消費税の納税が発生することになります。

この点に関しては、第11章でも詳しく述べますが、消費税の課税方式を簡易課税の選択にしたり、免税事業者になってから売却することなどを税負担軽減のために検討します。

また、事実上の廃業の際に見られるのが、会社の資産を処分して大半の負債を返済したが、一部の借入金だけが残ってしまう場合です。

この場合に、解散登記をせずに事業を休眠状態にして、代表者が借入金を少しずつ返済して会社をそのまま継続させることがあります。

このようにした場合、休眠状態の株式会社であれば、最後に法務局で会社に関して何らかの登記（たとえば役員変更登記など）をしてから12年で強制的に解散させられ、消滅してしまうことになります。

では、その強制的に解散させられるまでの期間の税務申告ですが、税務署への申告は休眠状態でも毎年必要となります。ただし、地方税については届出をすることにより申告、納付ともに不要となります。株式会社については、事実上、この手順を踏まれる経営者もあるようです。

軟着陸できたモデルケース

▽モデルケース①小規模な会社の場合

まずは、第1章16頁のケース1について、具体的に、あてはめて見てみましょう。

文具の小売り販売をしている株式会社Aは、Xが代表取締役、Xの妻Yと長男Zが取締役となっており、ある駅前商店街にある店舗兼住宅を本店として長年営業をしてきました。

ところが、5年前、近所の国道沿いに大型の100円ショップができてからは、売上が急激に減少し、3年前に旧国民生活金融公庫から200万円を運転資金として借り入れ、店舗の改装を行うなどしましたが、それでも売上は元には戻りませんでした。

そこで、2年前から、XとYは別に就職先を見つけて、勤めに出ました。それからは、店はYが1人で切り盛りし、仕入は次第に減らし、一通りの商品を最低限揃えておくほかは、現に売れている商品の補充程度にしていきました。会社の売上は月に20万円もなく、仕入代金などを除くと、毎月の利益は5万円程度になってしまいました。他方、XとYの給与を合わせると月に約40万円あり、これで何とか生活をしていくことができます。Xは、もうこれ以上、商売を続けていくことはできないと考え、会社をたたむことを決断しました。

まず、Xは、商品の仕入を完全に止めました。既に、売れた商品を補充する程度にしか仕入

モデルケース① 小さな会社の場合

株式会社A（文具類小売販売業）

本店等	自宅兼店舗（X個人の所有）
株　主	Xのみ
	役員兼従業員：X（代表取締役） Xの妻Y（取締役） Xの長男Z（取締役）
取引先	仕入先2社
	小売りなので顧客は個人客が主
売掛金	現金商売なので原則なし
買掛金	仕入代金は20日締めの翌月5日払い
借　入	旧国民生活金融公庫からの借入残が150万円（Xが連帯保証）

●会社のたたみ方

1. 仕入を止める

▼

2. 在庫商品（仕入価格約300万円）の処分
   - ・閉店セールで、その大半を50万円で売却

▼

3. 旧国民生活金融公庫からの借入残150万円の返済
   - ・50万円を②の売却代金で返済
   - ・残りの100万円は、それまで通り月3万円ずつ返済を続ける

▼

4. 会社を休眠状態にして、約3年間で100万円を完済

▼

5. 解散登記と清算手続

はしていなかったので、残っていた未払の仕入代金は10万円程度であり、これは預金から一括して支払いました。

店舗兼住宅で営業し、従業員も雇っていなかったので、会社をたたむためにやるべきことは、現在店舗にある商品（仕入価格で総額約300万円）の処分と旧国民生活金融公庫から借り入れた200万円の残り150万円の返済のみです。

そこで、Xは閉店セールを行い値引きして、できる限り商品を売ることにしました。全てを売り切ることはできませんでしたが、1ヵ月で50万円の売上がありました。残りの商品は、廃棄処分はせずに、欲しいと言う友人や知人にあげたり、自宅で使用することにしました。

そして、この売上の50万円を旧国民生活金融公庫への返済に充てた結果、残債務額は100万円になりました。それまでも、この借入は、毎月3万円の返済であったので、そのままの条件で返済を続けていくことにしました。

Xは、税理士に相談して、会社を休眠状態にしておき、約3年間かかって100万円の返済を終え、その後、会社の解散登記をしました。清算すべき債権債務もなく、解散登記とほぼ同時に清算手続きも終了し、無事に会社をたたむことができました。

▽モデルケース②少しだけ規模の大きな会社の場合

モデルケース①は、個人事業者と変わらないような小規模な会社の場合でしたが、ここではもう少しだけ規模の大きな会社の場合について具体的に見てみましょう。

Ｂ株式会社は土木建築の会社で主に基礎工事を行っています。

Ｘが代表取締役として工事を切り盛りし、Ｘの妻Ｙが経理担当、弟Ｚが営業を担当し、それぞれ取締役になっています。Ｂ株式会社は、あるゼネコンの孫請けをしており、バブル期には２～３億の売上があり、従業員もアルバイトも含め７～８人を雇っていました。

ところが、バブル崩壊後、このゼネコンからの仕事が減り始め、前年の売上はとうとう３千万円程度まで落ち込んでしまいました。ここまでに、仕事が減っていくにつれて、従業員には徐々に辞めてもらい、現在はアルバイトが２名いるだけです。

ただ、バブル期に国道沿いのビルに新たに賃借した会社事務所があるほか、工事用機械や資材置き場も会社事務所の近くに賃借しています。バブル期までは自宅兼事務所を使い、機械や資材も自宅の空きスペースに置いていたのですが、売上も上がり、保管する機械や資材の量も増えたことから、事業の拡張に備えました。

また、このときに銀行から事業資金として３千万円を借り入れ、その借入残が２千万円あるほか、新たに購入した工事用機械のローンが５００万円残っています。

そんなときに、仕事をもらっていたゼネコンが破産をしたため、仕事がさらに激減することが確実になり、ここに至ってＸは会社をたたむことを決断しました。

まずは、現在とりかかっている工事があるため、これだけは終わらせることにして、新しい仕事は取らないようにしました。この工事が約１ヵ月後に終了しました。工事代金１５０万円の支払を受けられるのは２ヵ月先です。この時点で未払の資材代金や下請け業者への支払いな

ど買掛金が100万円残っています。

この最後の工事と並行して、Xは新しい勤め先を探し、それまでに仕事を請け負っていた工務店が番頭として雇い入れてくれることになりました。Zも営業の経験を生かして、別の会社への転職が決まり、既に別の会社で営業員として勤めています。

Xが会社をたたむためには、アルバイト従業員の解雇、買掛金の支払い、事務所及び資材置き場の賃貸借契約解除と明け渡し、ローンの残っている機械の処分、銀行からの借入の返済といった事後処理をしなければなりません。

幸い、Xは、半年前に父親の遺産として2千500万円を相続していました。そこで、Xはこの遺産を使って事後処理をすることにしました。

まず、最後の工事が終わるとアルバイト2名を解雇しました。労働基準監督署に相談に行くと、アルバイトと言っても長期間雇用しており、30日前に解雇通知をしていなかったので、平均賃金の30日分にあたる解雇予告手当を支払う必要があるとアドバイスがあり、それに従って給与（20万円）と解雇予告手当（20万円）を合わせて2名分で80万円を支払いました。

残っていた買掛金の100万円も支払いました。

次に、事務所と資材置き場の賃貸借契約を解除しました。

これについても、事前に仲介している不動産業者に相談に行ったところ、契約上3ヵ月前までに解約申し入れが必要と聞き、賃貸人に対して直ちに解約の通知をしておきましたが、解除までに1ヵ月しかなかったため、賃貸人からは、2ヵ月分の賃料合計100万円（事務所月

モデルケース②少し規模の大きな会社の場合

B株式会社（土木建築業）

本店等	事務所を賃借（賃料月 35 万円、保証金２００万円）
	資材置き場を賃借（賃料月 15 万円、保証金１００万円）
株　主	Ｘのみ
	役　員：Ｘ(代表取締役) Ｘの妻Ｙ(取締役，経理担当) Ｘの弟Ｚ(取締役，営業担当)
	従業員：アルバイト２名
取引先	資材購入先、下請け業者 元請のゼネコン（自己破産）等
売掛金	工事代金１５０万円（支払を受けるのは２か月先）
買掛金	資材代金及び下請け業者への支払が合計１００万円
借　入	銀行からの借入残が２千万円 工事用機械の残ローンが５００万円

支払資金の確保

①父親の遺産を 2500 万円取得

②事務所、資材置き場の明け渡しに伴い、保証金から資料と原状回復費用を控除し、100 万円回収

③売掛金 150 万円から 80 万円を先払いしてもらい回収

合計 2680 万円

返済等の実行

①アルバイト２名の解雇に伴い 80 万円先払い

②買掛金 100 万円支払い

③ローンの残っていた機械を返還し、残ローン額 500 万円支払い

④銀行に借入金 2000 万円の返済

合計 2680 万円

・清算が完了し、後日売掛金の残金 70 万円を回収

・解散登記と清算手続き

35万円×2ヵ月分、資材置き場月15万円×2ヵ月分）を請求されました。

保証金が合計300万円（事務所200万円、資材置き場100万円）差し入れてあったので、そこから相殺してもらうことにして、200万円の返還を受けました。

また、明け渡しの際に、不要になった事務用品、機械や資材の処分と原状回復必要として100万円がかかりました。

ローンの残っていた機械については、販売会社に引き取ってもらい、ローン残高の500万円を支払いました。

あとは、銀行への2千万円の返済が残りましたが、この時点で、手持ち資金では80万円が不足していたので、Xは最後の工事を請け負った会社に行き、事情を話して支払いを早くしてもらうようお願いし、半分強の80万円を先払いで支払ってもらうことができました。

Xは、これでなんとか、銀行に2千万円を一括で返済しました。そして、その1ヵ月後に残っていた工事代金の70万円も支払いを受けました。このようにしてXは、自ら事後処理を終え、これで清算すべき債権債務もなくなったので、解散登記をすると、ほぼ同時に清算手続きも結了し、無事に会社をたたむことができました。

第5章

任意整理（私的整理）と、その手順

1

任意整理（私的整理）とは

任意整理とは、一般的には、法律上の手続きによらずに債権者等との話し合いによって債務を整理することで、私的整理とも言います。

具体的には債権者等と話し合って、借入金等を減額してもらったり、支払期間、回数を変えてもらうなどして返済できるようにすることを意味します。

本書では、第2章で述べたように、最終的に会社をたたむことにはならない場合の手続きには触れません。従って、裁判所に対して申立を行い、法律に定められた手続きに従って会社を終了させる破産手続きや特別清算といった法的手続きにはよらずに、会社の債務を整理して、会社をたたむ方法を指すものとして使います。以下では、単に任意整理と言うことにします。

2

任意整理は弁護士に依頼をする

任意整理は、必ずしも弁護士を依頼して行う必要はありませんが、整理が上手くいかずに破産申立をせざるを得なくなった場合のリスクを考えると、はじめから弁護士に依頼して行うのが賢明です。代表者が自ら行ったがために、下手な整理のやり方をしてしまって失敗し、破産

となった場合には、その代表者自身が裁判所から免責を受けられなくなる可能性があります。

そもそも、任意整理を行う場合とは、前章の「事実上の廃業」ができないような状況のときです。そのほとんどの場合は、多額の借入や買掛などの債務があって、これらをそれまでと同じようには返済したり、支払いを続けていくことができなくなっている場合です。

したがって、その状況のままでいけば、さらに借入や買掛等の債務が膨らんでいって、そのうち自己破産という事態に至ることになります。

このような状況なのですから、任意整理を行うにあたっては、その前提として、任意整理が上手くいかなければ自己破産をしなければならないのだという覚悟が必要です。

そして、実際に任意整理に着手したものの、これが上手くいかず結果的に自己破産申立に至ってしまうケースが数多くあります。

そのような場合には、通常は代表者個人も多額の会社債務を保証しているため、その自己破産申立も余儀なくされます。

その際に、それまでに代表者が自己流に行ってきた任意整理のやり方いかんによっては、代表者個人が免責を得られないおそれがあるのです。免責を得られないと、債務の弁済責任を免れることができません。

自己破産については次章で詳しく説明しますが、会社は破産をすればその存在自体が消滅するため、破産手続きの終了により自動的に後の債務弁済責任を免れることができます（自然人とは別の法人格を持つものとして法律の制度で認めた会社そのものが消えて無くなる）。

しかし、会社とは異なり会社の代表者個人は、破産手続き終了後もその存在が消滅してしまうわけではありませんから、債務弁済の責任を免れるためには、何らかの手続きが必要となります。

その手続きが裁判所による免責手続きであり、代表者個人が債務弁済の責任を免れるためには、この免責手続きによって、裁判所から免責決定というものを出してもらわなければなりません。免責決定とは、破産手続き後に残った債務を弁済する法的な義務を免れることとする決定を言います。

そして、この免責決定を裁判所に出してもらうためには、原則として、法律に定められた免責を不許可とする事由（免責不許可事由）があってはなりません。

この免責不許可事由の1つに、偏頗《へんぱ》弁済と呼ばれるものがあります（破産法252条1項3号）。

条文上は、**「特定の債権者に対する債務について、当該債権者に特別の利益を与える目的又は他の債権者を害する目的で、担保の供与又は債務の消滅に関する行為であって、債務者の義務に属せず、又はその方法若しくは時期が債務者の義務に属しないものをしたこと。」**とされています。

一読しただけでは、何のことかよく分からないと思いますが、破産法では、第1章で述べた「倒産」するような状況、すなわち、支払期限の到来した借入金の返済や買掛金の支払いなどが全般的にできなくなってきた状況下では、債権者をできる限り平等に扱わなければならないという要請があります。したがって、特定の債権者だけを特別有利に扱うようなことになる弁

任意整理を弁護士に依頼するメリット、デメリット

●メリット

① 「受任通知」により、金融業者からの請求、取り立てを止めることができる
② 会社財産の散逸を防止できる
③ 高金利の金融業者などに対する減額交渉が可能
④ 自己破産に移行した場合の代表者個人の免責不許可の危険を回避できる

●デメリット

① 弁護士費用がかかる

済、たとえば他の債権者には一切弁済ができていないのに、ある特定の債権者だけに理由もなく全額の弁済をすることは許されず、このような弁済を偏頗《へんぱ》弁済と言うのです。

代表者個人が弁護士を依頼せずに自ら任意整理を行った場合には、このような偏頗弁済をはじめとして、免責不許可事由にあたるような行為を知らず知らずのうちに行ってしまうおそれがあります。

もとより、免責不許可事由があれば直ちに免責が不許可となるわけではありませんが、代表者個人が自己破産をするのは、主に免責決定を得るためですから、免責が不許可となるリスクは極力避けるべきでしょう。

また、弁護士以外の者が、報酬を得て任意整理をすることは、弁護士法で禁じられています。これに違反して任意整理を行う弁護士以外の者がいます。これらはいわゆる整理屋

や事件屋などと呼ばれる者たちです。このような者たちに依頼をすることは、不当な処理をされたり、免責不許可事由にあたる行為を行われるなど処理の内容面での問題があるだけではなく、法外な報酬を請求されることにもなりかねないので絶対に避けなければなりません。

なお、法律資格者であっても、行政書士はそもそも任意整理をする法律上の権限を有していません。

また、司法書士は1件当たり140万円以下の債務整理ならできますが、それを超える金額の債務整理や自己破産申立を代理して行う法律上の権限を有していませんので、注意が必要です。

3

任意整理の手順①――会社の資産、負債などの調査

まずは、任意整理により会社をたたむことが可能かどうかの判断をするため、借入や買掛などの債務（負債）と、これらの返済にあてるための財産（資産）を調査する必要があります。その際には、会社についてのものと代表者個人についてのものとを分けて調査する必要があります。通常は会社の帳簿類などの資料を持参してもらい、これらを参照しながら代表者からの聞き取りを行います。

そして、まずは会社の負債面を明らかにしていきます。

金融機関などからの借入債務、取引先に対する買掛金等の債務、リース料などの債務、未払給与などの従業員に対する債務、税金や社会保険料などの未払の公租公課などを一つひとつ見ていきます。

金融機関などからの借入については、まずはその借入先について見ていきます。銀行なのかノンバンクなのか、ノンバンクの中でも、信販会社、商工ローン、消費者金融、街金、ヤミ金など、どのような借入先があるのか。また、親族、友人、知人からの借入についても、しっかりと把握をしておく必要があります。

借入先が分かれば、次に、それぞれの残債務金額と支払期限を明らかにしていきます。分割支払いの約束があっても、2、3ヵ月支払いが滞っていれば、分割支払いでも良いとされている約束（これを期限の利益と言います）が反故となって、一括支払いを要求されることがあります。

さらに、担保や保証の有無を明らかにします。

担保のほとんどは、不動産に設定されている抵当権や根抵当権です。会社名義の不動産に設定されている場合だけではなく、代表者個人やその親族、場合によっては友人、知人名義の不動産に設定されていることもあります（借入をしている本人以外の者の所有する不動産に抵当権や根抵当権が設定されている場合、その抵当権や根抵当権の設定されている不動産の所有名義人を**物上保証人**と呼びます）。いずれも設定の元となっている債務が返済できなくなると競売にかけられる可能性があります。

ちなみに抵当権と根抵当権との違いは、抵当権が一定の決まった金額の債務を担保するのに対し、根抵当権は一定金額の枠（これを極度額と言います）が決められていて、その金額の枠までは定められた種類の債務を担保するところです。したがって、抵当権の場合は、不動産の登記簿謄本を見れば、少なくとも当初に担保された債務の金額が分かり、あとはどの程度返済したのかを把握していれば、自ずと残債務金額は見当がつきます。

これに対して、根抵当権の場合には、不動産の登記簿謄本を見ても極度額の記載があるのみである上、返済をしていても、新たな借入を繰り返していれば、それらもさらに担保される債務となるため、借入と返済についての資料が揃っていなければ、なかなか実際の残債務金額が分からないことになります。

保証については、ほぼ全てが連帯保証であり、保証人は借主と同じ重い責任を負います。借主の返済が滞れば、保証人が返済を請求されるのは当然のことですが、連帯保証の場合、法律上は、貸主は返済の有無にかかわらず、借主、保証人のいずれに対しても請求をすることが可能です。

このようにして会社の負債面が明らかになれば、次に会社の資産面を明らかにしていきます。現金、預貯金はもちろんのこと、不動産、売掛金、受取手形・小切手、貸付金、自動車、保険、在庫商品、機械・工具類、什器備品などといった財産的価値のありそうなものを全て挙げるとともに、それぞれについて、すぐに処分した場合にいくらの現金に換価できるのかを見ていきます。

売掛金や受取手形・小切手、貸付金については、その金額と支払を受ける期日だけでなく、さらに回収可能性を確認します。これらは、相手方の支払能力に問題があれば、容易に回収できない場合が考えられるからです。

不動産については、不動産業者の無料査定などを利用して、現在のおおよその売却価格を出し、さらに担保の有無を確認して、担保があればその残債務金額を調べます。

売却価格から残債務の金額を差し引いて、余剰が出るようであれば、その売却を考えることになります。

自動車については、ローンが残っている場合には、その所有権が販売会社などに残されており（これを所有権留保と言います）、ローンを完済しなければ、その自動車を勝手に売却することができません。

したがって、現在の売却価格を中古車販売店などで査定してもらい、その査定金額から残っているローン金額を差し引いて、処分価格の見込みを出します。

保険については、保険会社に解約返戻金の金額を問い合わせて、直ちに契約を解約した場合に戻ってくる現金の金額を確認します。

在庫商品、機械・工具類、什器備品などについては、そもそも換価できる価値のあるものかどうか（古い物などは逆に廃棄費用など処分に費用がかかります）と、換価ができる場合には、その金額を業者の査定などによって明らかにします。なお、所有権留保がついているものについては、売却せずに所有権者に返還しなければならないのは当然のことです。

4

任意整理の手順②――会社の資産、負債などの内容の検討

このようにして、会社の負債面、資産面が明らかになれば、それらの内容を検討していくことになります。

負債面については債務総額を計算します。

このとき、まずは単純に全ての債務を合計した金額を出します。次に債務の中で交渉により減額してもらえる可能性があるものをチェックして、その減額見込みを検討します。

銀行や信用金庫は、交渉による減額には応じてくれません。

ただし、通常、銀行や信用金庫からの借入については、信用保証協会や信販会社などが保証をしており、この保証をしている信用保証協会や信販会社などが既に代位弁済をしているような場合には、これらに対しては交渉次第で年14％程度の損害金についてはカットしてもらえる可能性があります。また、都市銀行などは、ある程度長期にわたって期間の返済が滞ると、貸付債権を債権回収会社（いわゆるサービサー）に売却してしまいます。この場合にも、債権回収会社に対しては交渉による減額等が可能な場合があります。

ちなみに、銀行や信用金庫からの借入については、基本的に返済が滞ってから約3ヵ月間（90日間）は、担保不動産を競売にかけるなどの法的手続きをとられることはありません。

また、旧国民生活金融公庫、旧中小企業金融公庫等の政府系金融機関からの借入についても、

交渉による減額には応じてくれません。なお、これらの政府系の金融機関は平成20年10月1日より民営化して株式会社日本政策金融公庫に統合されています。

これらに対して、基本的にノンバンクからの借入については、交渉により減額してもらえる可能性があります。

特に、かつて利息制限法を超える利息（元本100万円以上であれば、年15％を超える利息）を支払ってきた、信販会社、商工ローン、消費者金融、街金に対しては、利息制限法の金利を超えて支払ってきた利息部分についての減額交渉が可能です。

なお、出資法の制限をはるかに超える利息（年29・2％をはるかに超える利息）を取っている、いわゆるヤミ金に対しては、そもそも一切の返済をする義務がありません。

このようにして、単純に全ての債務のそのままの金額を合計した債務総額のほかに、交渉により減額を受けた場合に弁済のために最低限必要だと見込まれる金額（最低弁済必要金額）の合計も計算してみます。

そして、資産面については、その時点で処分した場合の換価金額、すなわち処分により手元に現金として入ってくる見込みのある金額の合計を計算してみます。

この時点で、資産を処分して得られる見込みの換価金額の合計が、負債の最低弁済必要金額の合計を上回っていれば、会社の資産を全て処分するだけで、任意整理により会社をためる見込みがあることになります。

ただし、会社の資産を処分しただけで、負債を全て返済できるということはまれでしょう。

5

任意整理の手順③——代表者の資産、負債などの調査と内容の検討

そこで、次に、代表者個人についても、会社の場合と同様に、その負債面と資産面を明らかにしていくことになります。

まず、負債面については、自らが借り入れている債務だけでなく、保証債務についても漏らすことがないようにします。

保証債務には、自らが経営する会社の借入などを保証したものだけでなく、第三者（別の会社や他人）の借入などを保証したものも含めます。

また、会社とは無関係な個人的債務についても全て網羅するようにします。

資産面については、会社名義のものなのか、代表者個人名義のものなのかに注意して、会社の財産と代表者個人の財産とを混同しないようにしなければなりません。

こうして、会社だけでなく、代表者個人の分についても、負債の最低弁済必要金額の合計と資産を処分して得られる見込みの換価金額の合計を計算します。

そして、会社と代表者個人についての負債の最低弁済必要金額の合計を計算します。この際、会社の保証債務については二重計上になるので差し引きます。

この会社と代表者個人の最低弁済必要金額を合計した金額を、会社と代表者個人の資産の換価見込金額を合計した金額が上回れば、この場合にも、任意整理により会社をためる見込み

任意整理の手順

①会社の資産、負債などの調査

負債面

・金融機関などからの借入
・取引先に対する買掛金等の債務
・リース料などの債務
・未払い給与
・未払い公租公課
etc.

※担保や保証の有無の確認

資産面

・現金
・預貯金
・不動産……………………………査定と担保残債務金額の確認
・売掛金
・受取手形・小切手 …… 金額、支払を受ける期日の確認
・貸付金 回収可能性の検討
・自動車……………………………残ローンの有無、所有権留保の有無の確認、査定
・保険………………………………解約返戻金の確認
・在庫商品
・機械・工具類 …………所有権留保の有無の確認
・什器・備品 換価可能性の確認、査定
etc.

② 調査した会社の資産、負債の内容を検討

負債面　債務総額の計算

- 単純に全ての債務金額の合計計算
- と
- 交渉による減額可能性を見込んだ「最低弁済必要額」の計算

資産面　換価した場合の合計額を計算

➡ この時点で、資産の換価合計金額＞最低弁済必要額ならば、任意整理が可能

この時点で不可能であっても、さらに

③ 代表者の資産、負債の調査と内容の検討

負債面

・会社の借入等の保証やその他の保証も漏らさないように

・会社とは無関係な個人的な借入も漏らさないように

資産面　会社名義か代表者個人名義かに注意して、会社財産と混同しないように

➡ 会社資産の換価合計金額＋代表者個人資産の換価合計金額 ＞ 会社債務の最低弁済必要額＋代表者個人債務の最低弁済必要額

ならば、任意整理が可能

があることになります。

実際には、代表者個人が所有する不動産などの財産を売却することによって、なんとか任意整理が可能となるケースの方が大部分だと思われます。

さらに、代表者個人の財産を考慮しても、なお、最低弁済必要金額を返済するだけの現金が作れないような場合には、その不足分を代表者個人の親族などから援助してもらうことができないかを検討します。この援助については、新たな借入となるようなものであっては意味がありません。それでは単なる借り換えと変わらなくなってしまいます。

したがって、本当の意味での援助、すなわち法律的には返還義務のない贈与にあたるようなものである必要があります。よく、いわゆる出世払いやある時払いでの援助を耳にしますが、そのようなものであっても返済することを前提とするものは、後日のトラブルの元になるので、避けるのが賢明です。

6

任意整理の実行①――実行時期

任意整理により会社をたたむことが可能だという判断が出たならば、これを実行していくことになりますが、その実行時期についてはケースに応じて決めなければなりません。

たいていの場合は、1日も早く実行すべきというケースであると思われます。ただし、会社

が、その時点でやりかけの仕事があるような場合には検討が必要となります。

具体的には、依頼を受けた工事をしている最中である場合などがこれにあたります。このような場合には、原則としては、その仕事を終了してから、任意整理を実行することになります。

仕事を途中で放り出してしまうと、その仕事の代金を回収できなくなってしまうばかりか、逆に仕事の依頼者から損害賠償請求をされるおそれがあり、後々トラブルになることが多いため、途中放棄は極力避けるべきです。

ただし、現在まだ途中である仕事が終了までにかなりの長期間を要し、その終了を待っていられないというやむを得ない事情がある場合には、その仕事の契約を解除して任意整理に着手することになります。

この場合にも、単に放置するのではなく、きちんと契約解除の手続きをして、代金や損害賠償の話を明確にするなど後々のトラブルを回避するように行動しておくべきです。

このようにして実行時期が決まれば実際に任意整理にとりかかります。

7

任意整理の実行② ―― 弁護士からの受任通知の発送

ここでは弁護士に依頼して進めていくことを前提に説明をします。

弁護士は依頼を受けた場合、会社や代表者の代理人として行動をするわけですから、もしも、

当人が望めば、弁護士を依頼せずに、これを代表者が自ら行うことも可能です。ただし、弁護士としての行為でなければ、円滑に進めることが困難なものも一部ありますので、代表者が自ら行う場合にはかなり注意が必要です。既に述べたように、できる限り弁護士に依頼して行われることをお勧めします。

受任通知とは

まず、依頼を受けた弁護士は、会社や代表者の代理人として、債権者に対して債務の任意整理を受任した旨の「受任通知」を郵便や場合によってはファックスで送付します。

この受任通知では、受任したことを通知するだけでなく、併せて、債権者が有する債権についての調査をする必要があるので、同封した債権調査票に債権の種類や現在の債権金額を記載して郵送やファックスで知らせてもらうようお願いをします。

発送の目的①金融業者からの請求や取り立てを止める

また、代表者等に対する直接の請求や取り立てをしないようお願いをします。この「受任通知」を出す目的の1つは、債権者から代表者個人等への直接の請求、取り立てを止めることです。

金融庁の出しているガイドラインでは、金融業の登録をしている金融業者は、弁護士から「受任通知」を受け取った以降は、直接の請求や取り立てをしてはいけないこととされています。

このガイドラインに法的な強制力まではありませんが、これに反して取り立て等を行った場合

には、金融庁から処分を受けたり、また、債務者から損害賠償請求をされるおそれがあるので、原則として、この「受任通知」を出すことによって金融業者からの取り立ては止まります。

例外的に、ガイドラインを無視して取り立てをしてくる悪質な業者もいますが、現在では、弁護士から警告をすれば、執拗な取り立てを続けてくる業者はほとんどいなくなりました。

また、そもそも登録をしていない無登録のヤミ金業者などは、携帯電話の番号ぐらいしか連絡先が分からず、「受任通知」を出すことすらできませんが、電話で、弁護士が受任した旨を伝え、今後一切返済する意思はなく、もし取り立てなどを行えば、刑事告訴も辞さないという断固とした態度で対応をすれば、ほぼ請求や取り立てはなくなります。

まれにしつこく請求や嫌がらせをしてくるヤミ金業者もいますが、逆に弁護士から何度も連絡するなどの攻勢に出れば、ヤミ金業者の方が音をあげてしまいます。過去にしつこく請求をしてくるヤミ金業者がいたので、1日にこちらから何度も、それも30分おきぐらいに電話を入れ続けた結果、ついに向こう側から「電話はもう止めてくれ」と言ってきたことがありました。

この点、代表者本人が自ら行う場合には、金融業者からの請求や取立を止めることは困難でしょう。

発送の目的②債務全部を確定する

このように、金融業者の請求や取り立ては、弁護士が「受任通知」を出すことで止まるのですが、取引先や親族、友人、知人など金融業者ではない債権者からの請求や取り立ては基本的

には止めることができません。これらの者に対しては、金融庁のガイドラインは役に立たず、「受任通知」に記載する「代表者等に対する直接の請求や取り立てはしないでください」というお願いは、その記載の通り本当にお願いにすぎないということになります。

特に、取引先は、その債権が回収できなければ、自分のところも経済的に破綻するおそれがあるときには、必死で回収を図ろうとしますので、その取り立ては昼夜を問わず執拗である場合もあります。

そのため、話のできそうな取引先などには、あらかじめ代表者から事情を説明をしておいてもらうこともあります。ただし、これまでは良好な関係を築いてきた取引先であっても、債権が回収できなくなるといった緊急事態になると、これまでとは態度が豹変する場合も多いので、ここは慎重な判断が必要となります。少しでも、そのようなおそれがあると考えられる場合には、事情の説明は控えるべきでしょう。

過去には、代表者が取引先に事情を説明に行ったところ、監禁され、無理矢理、代表者の親族が呼び出されて、連帯保証する旨の念書を書くように強要されたということもありました。

このときには、その取引先に刑事告訴をする旨の警告をしたところ、相手方の弁護士を通して謝罪をして念書を返還してきましたが、ときには代表者等の身に危険の及ぶこともありますので、安易に取引先に出向くなどはしないようにすべきです。

このように弁護士が「受任通知」を出すのは、金融業者からの請求や取立をいったん止めるためですが、それだけではなく、その時点での債務金額を確定するためでもあります。

返済を続けていると、残債務額が変動し、いつまでたっても残っている債務金額を確定することができないため、弁済計画などに支障をきたすおそれがあります。

とりあえず、ある一定時点を基準時として、全ての債権の残債務金額を確定しなければ、具体的な減額交渉なども行うことが困難となります。

発送の目的④財産の散逸防止や資産換価時間の確保など

それ以外にも、「受任通知」を出すことによって、弁護士が介入したことを知らせて、弁護士名で会社や代表者個人の財産を管理し、債権者が勝手に会社の在庫商品等の財産を持ち去るなどしないようにして財産の散逸を防止します。また不動産などの資産を処分するにあたっての妨害行為等の障害を取り除くとともに、資産を換価するための時間を作るという意味合いもあります。

考えてみれば分かることですが、債権者から1日中、請求の電話がかかってきたり、取立に押しかけられ、これらの対応に忙殺されれば、とても資産を換価する余裕などなくなってしまいます。また、せっかく換価しようと考えている在庫商品、自動車や機械などを勝手に持ち去られてしまうと、これを取り戻すだけでも大変な労力を要し、とても換価どころではなくなってしまいます。

実際に、自動車の販売・リース業者が、法律上引き上げる権利を有していない自動車を未払リース料や未払修理費用などがあることを理由に、勝手に引き上げてしまうことがあります。

そのような場合、弁護士であれば、その業者に電話をして、その自動車を引き上げる権利を有しているならば、その書類を直ぐに送るよう求めます。そして権利がないならば、その引き上げ行為は「窃盗」にあたる行為なので、即刻返還をしなければ、警察に被害届を出す旨を告げ、直ちに返還をさせます。

このような場合でも、未払リース料や修理費用がその業者にあると分かっていれば、あらかじめその業者に「受任通知」を発送することで、弁護士を無視して何の連絡もなしに勝手に引き上げることはほとんどなくなります。また、「受任通知」の中に、「所有権留保等のある車両を引き上げられる際には、必ずご一報ください」と断っておけば、それでも勝手に引き上げていく業者はまずありません。

このように、「受任通知」を発送することによって、資産を換価処分して、弁済にあてるための現金を作る障害を極力回避し、また、時間的余裕を作ることができます。

債権者説明集会を行うかどうか

この「受任通知」を出すだけではなく、債権者を集めて説明等を行うために、説明集会を開くことも考えられます。

債権者から問い合わせがある度に、その都度対応する手間を省き、場合によっては減額交渉を一度に済ませてしまうことなどを目的とします。ただし、私の場合は原則として、このような説明集会を開くことはしません。その理由としては、説明集会でいくら説明をしても、相変

わらず問い合わせをしてくる債権者はなくならないこと、また、債権者にも銀行から知人、友人に至るまで様々な者がおり、これらの者全てと一括して減額交渉を行うことは困難であることなどが挙げられます。

逆に、債権者を一同に会させることで、それまでお互いに面識すらなかった債権者間に横の繋がりを作らせる機会を、わざわざこちらから与える必要はないと考えています。

公租公課に対する手当

滞納している税金や社会保険料などの公租公課については、特に「受任通知」は出しませんが、これらについては、代表者個人があらかじめ税務署や役所等に出向いて、支払困難であることを説明し、分割支払の約束をするなどして、滞納処分をされないように手当をしておくことが重要です。滞納処分とは、簡単に言うと滞納している税金等を回収するために税務署等が行う強制執行（売掛金の差押換価や不動産の差押換価等）のことです。

通常の借入金や買掛金などの場合には、抵当権や根抵当権といった担保権の実行の場合を除いて、債務名義（強制執行をするために必要とされる裁判所による勝訴判決やそれと同等の効力を有するもの）を取得する必要があります。しかし、この滞納処分は債務名義なしで行うことができるため、手当をしておかないと、迅速に行われてしまうおそれがあります。

いざ売掛金を回収しようとしたら、既に税務署に差し押さえられていたとか、不動産を売却しようとしたら差押えの登記がされていたといったことがよくあります。

8

任意整理の実行③——資産の換価作業

このようにして「受任通知」を送付したならば、債権調査票が返ってくるのを待ちながら、直ちに資産の換価作業に入っていきます。

換価にかける期間

換価にかける期間としては、概ね3ヵ月を目標とします。現実には不動産の処分などは時間がかかるため、全ての換価作業を3ヵ月で終えることは困難な場合が多いのですが、任意整理は法的な手続きのように特に期間制限が決められているわけではないので、あらかじめ期限を決めて行動しなければ、いたずらに時間のかかる場合が少なくないからです。

また、この3ヵ月というのは、既に述べたように銀行や信用金庫が、延滞開始から起算して担保不動産を競売にかけるなどの法的手段をとってこない期間でもあります。さらに、他の債権者も、概ね3ヵ月くらいは、大人しく待っていてくれることが多いものです。

そして、債権調査票が1ヵ月ほどで返送されてきます。これにより債務金額が確定するので、換価作業を進めながら、同時に減額の可能性のある債権者との減額交渉を行っていきます。

換価関係書類を作成して残す

まずは、資産の換価作業を行っていくわけですが、必ず換価した際には、売却した際の売買契約書や代金の領収証など換価内容が明らかになる書面を作成して残しておきます。

これは換価した現金を正確に把握するためには当然に必要ですが、それだけではありません。これまでにも述べているように、任意整理がもし失敗すれば自己破産申立をすることになるのですが、その際には裁判所や破産管財人に対して換価内容の説明をしなければならず、必ず換価内容を証明する書面の提出を求められるからです。

資産を換価するとき、不当に安い換価をすると、後日、もし自己破産になった場合には、廉価売却として問題とされます。代表者個人の免責に影響するだけでなく、売却等の換価行為自体が取り消されて、換価の相手方にも迷惑をかけることにもなりかねません。また税務的にも一部または全部が寄附金とみなされるなど、法人税課税の問題が発生するおそれもあります。

したがって、換価にあたっては、必ず査定をして、できる限り査定書を作成してもらっておくべきです。不動産であれば、不動産業者の無料査定などを利用します。弁護士は大抵、無料査定をして査定書を作成してくれる不動産業者を知っていますから、その業者に頼んでもらえばよいでしょう。

自動車については、ディーラーに下取りをした場合ということで査定書をお願いしたり、中古車販売業者に頼んで査定をしてもらうなどします。有料で査定する業者もいます。それ以外の財産についても、評価の問題が出るものは、多少費用がかかっても査定をしてもらっておくべきです。たとえどんなに簡易なものであったとしても、しないよりはしておくべきです。

こんな例もありました。破産手続きで裁判所から査定書の提出を求められた際に、査定をしてくれた業者が書面の作成に応じてくれず、名刺の裏に査定のメモ書きだけはしてくれていたので、そのコピーを提出してことなきを得ました。

特に注意が必要なのが、親族や友人、知人に対する売却などです。換価相手がそのような者たちであるというだけでも、その親密な関係から不当に安く処分したのではないかという疑いを持たれます。場合によっては、名義だけを借りることで、財産隠匿を図り、また強制執行を免れようとしたと疑われることすらあります。

このようにそもそも疑いを持たれやすいことを念頭において、このような者を相手に換価する場合には、特にしっかりと査定をしておくなどの措置をとるべきです。

安価にしなければ、処分ができないような特別の事情がある場合には、後日でもその事情を説明できるように、できる限り関係書類等を揃えておくべきでしょう。

不動産の換価

換価する資産として、典型的なものの一つが土地、建物といった不動産です。

任意整理手続きで不動産を売却することを、強制執行（競売による処分）の場合と区別する意味で任意売却と呼びます。不動産を任意売却する場合も、まずは不動産業者の査定をとるなどして、売却可能な価格を調査します。その不動産に抵当権や根抵当権を設定している銀行等があれば打診して、抵当権や根抵当権を抹消してもらうために必要な金額を確認します。

通常、この金額は抵当権や根抵当権が担保している債権の残債務金額の全額です。ただし、例外的にその不動産が競売にかけても安価でしか落札される見込みがないといった特別な事情がある場合には、残債務金額の一部であっても抹消に応じてもらえる場合があります。そもそも抵当権や根抵当権がついたままの不動産を買う者などいませんから、任意売却をするためには、その不動産に設定されている抵当権や根抵当権を抹消するために必要な金額以上で買い取ってくれる買主を探さなければなりません。

売却する不動産が、代表者個人の自宅である場合には、まずは、親族等で買い取ってくれる者がいないかを探します。この場合には、そのまま代表者個人がその不動産に住み続けることができるようにとの考えからです。すなわち、親族等に買い取ってもらうことで、当然、登記名義はその親族等に移転して、その親族等の所有物になります。そのあと、その親族等から代表者個人が有償または無償でそのまま使わせてもらえるように話をつけるのです。その親族等からすれば、実質は援助のような形になります。

これが無理であれば、代表者個人がそのまま住み続けることはあきらめてもらい、ほかをあたります。割合、近所の人が買い取ってくれるということがよくあります。たとえば、隣の人が現在の住居が手狭であるために買い取ってくれるようなケースです。あるいは、子供を近所に住ませたいとの希望を持っている人が買い取ってくれるケースもあります。このような場合には、不動産業者を介さなくても売買できることもあり、その場合には、不動産業者への仲介手数料を節約することができます。

それ以外の場合には、不動産業者に売却を依頼することになります。その場合でも、仲介をしてもらう場合と、直接不動産業者に買い取ってもらう場合の2種類があります。

仲介の場合には、比較的高く売却することが可能ですが、通常売却までに時間がかかります。早くても3ヵ月くらいはかかるのが普通で、時間がかかればかかるほど、売却価格も下げていかなければなりません。

直接不動産業者に買い取ってもらう場合には、時間はかかりませんが、売却価格は、通常、仲介の場合の7～8割程度になります。買い取った不動産業者が、転売のための費用負担やリスクを負うのですから、やむを得ないと言えます。

売掛金の回収

次に、換価する資産として典型的なものは、売掛金です。これは、換価というよりは回収作業になります。

弁護士が、取引先に対して、代理人名で請求書を発送し、通常は、弁護士の預かり金口座に振り込んでもらう形で回収、管理を行います。中には相殺を主張したり、損害賠償を請求してくる取引先もあり、それらについては個別に交渉をしていくことになります。

回収した売掛金は、原則として、全額返済に回すことになります。それ以外に使った場合には、その使途を明らかにしておく必要があります。これは、後に自己破産申立をすることになった場合に、財産を隠匿していないことを明らかにできるようにしておくためです。

裁判所が認めてくれる使途としては、代表者個人の相当な生活費、弁護士費用等です。公租公課のうち健康保険料などの生活していく上で必要性の高いものについては、生活費の一部として考慮しておくべきでしょう。

9

任意整理の実行④——債務の減額交渉

この換価作業と併行して、減額してもらえる可能性のある債権者との減額交渉を行っていきます。この交渉は債権者ごとの個別交渉となります。

ヤミ金業者

既に述べたように、出資法の制限をはるかに超える利息（年29・2％をはるかに超える利息）を取っている、いわゆるヤミ金業者に対しては、そもそも一切の返済をする義務がありませんので、その旨を通知します。その際に併せて、今後請求をしてくれば、そのヤミ金が入金口座として指定している銀行口座の口座凍結のための手続き（当該口座が犯罪行為に使用されているので口座凍結するよう銀行に求める通知などをする）や刑事告発も辞さない旨を警告すれば、それだけで、ほとんどはそれ以降一切請求をしてこなくなります。それでも、まだ請求をしてくるようであれば、実際に口座凍結のための手続きや刑事告発を行います。

ノンバンク

また、ノンバンクのうち、かつて利息制限法を超える利息（元本100万円以上であれば、年15％を超える利息）を支払ってきた信販会社、商工ローン、消費者金融、街金に対しては、これまでの取引履歴を開示するように求め、開示された取引履歴を基に、利息制限法に引き直した計算（これまでの借入金、返済金を利息制限法の利率で計算し直すこと）をします。

その結果、そのほとんどで業者の請求している金額よりも低い金額が算出され、場合によっては既に完済していたり、逆に払い過ぎ（過払い）になっていることもあり得ます。これに基づく減額交渉には、ほとんどの業者が応じます。完済や過払いとなっている場合には、少なくとも、支払義務がないことを確認する旨の和解（ゼロ和解）が成立します。また、過払いについても、返還を受けることが可能です。このように、かつて利息制限法を超える利息を支払ってきたノンバンクに対する減額交渉においては、比較的容易に減額を得ることができます。

銀行・信用金庫

これに対して、銀行や信用金庫は、交渉での減額には応じません。したがって、通常は、銀行や信用金庫に対しての交渉自体を行いません。

ただし、通常、銀行や信用金庫からの借入については、信用保証協会や信販会社などが保証をしており、受任通知を出して減額交渉に入る段階で既にこの保証をしている信用保証協会や

信販会社などが代位弁済をしている場合があります。このような場合には、債権者は既に銀行や信用金庫から、信用保証協会や信販会社に変わっているので減額交渉の余地があります。

信用保証協会や信販会社を相手に減額交渉をする場合、それらが代位弁済した金額自体の減額までは困難ですが、交渉次第で代位弁済後に発生している年14%程度の損害金については、一部または全部をカットしてもらえる可能性があります。

代位弁済された金額自体の減額については、会社財産と連帯保証人である代表者個人の財産を換価することで返済ができるような場合（ここで任意整理により会社をたためる見込みがあるとしている場合）には、まず受け容れてもらえる余地はないでしょう。

銀行のうちでも都市銀行からの借入は、ある程度長期にわたって期間の返済が滞っていると、受任通知を出して減額交渉に入る段階で、既に貸付債権を債権回収会社（いわゆるサービサー）に売却してしている場合があります。この場合にも、債権回収会社に対しては、交渉による減額が可能な場合があります。ここで減額が可能な場合とは、債権回収会社が、その把握している会社の資産状況、連帯保証人の資力からして回収可能性が低いと判断し、実際の貸付債権金額よりも低額で債権を買い受けている場合です。ここで任意整理により会社をたためる見込みがあるとしている場合は、残念ながらそれほど低額で債権が買い受けられているケースではありませんので交渉による減額は難しいでしょう。

また、株式会社日本政策金融公庫（旧国民生活金融公庫、旧中小企業金融公庫等の政府系の金融機関は平成20年10月1日より民営化してこれに統合された）も、交渉による減額には一切

応じてくれませんので、これらからの借入についても通常は交渉を行うことはしません。

なお、会社をたたむという観点からは、あまり意味はありませんが、信用保証協会や株式会社日本政策金融公庫は、交渉での減額には応じないものの、かなり低額での長期の分割返済には応じてくれることがあります。このことは、後で述べる会社が自己破産する場合に保証人まで自己破産をするかどうかという観点からは重要なことです。

最後に、取引先に対しては、その取引先から仕入れた商品等の返品を受け入れてくれるようであれば、その分の減額を求めることが可能な場合があるでしょう。なお、そもそも委託販売の商品等については、返品をすれば代金支払義務はないので減額交渉は必要ありません。

10 任意整理の実行⑤——債務の返済等

以上のようにして、任意整理を実行した結果、会社の資産を換価した現金で、会社の負債を全て返済できれば任意整理は成功です。このケースはそれほど多くはないでしょう。

また、会社と代表者個人の資産を換価した現金で、会社と代表者個人の負債を全て返済できれば、これもまた任意整理は成功です。実際には、このケースが最も多いと思われます。

さらに、残念ながら、会社と代表者個人の資産を換価した現金では、会社と代表者個人の負債の全てを返済することはできなかったが、この任意整理の結果残った債務金額が、新しい勤

任意整理の実行

1. 実行時期の決定
2. 弁護士から「受任通知」の発送
3. 資産の換価作業
4. 債務の減額交渉
5. 債務の返済など
6. 解散登記をして清算手続き

めなどで得ることのできる収入で生活しながら返済が可能な範囲内の金額であれば、この場合も、その分割返済を条件に、任意整理は成功したと言えます。

第4章で述べたように、これまでの経験上、新しい勤めなどで得られる収入で生活しながら返済が可能な金額は月に3～5万円が限度です。返済期間の基本は3年間で、最大でも5年間です。これ以上長期になると、返済は厳しいと考えてください。結局、金利も考えれば、返済が可能な借入の金額は総額で約100万～200万円です。したがって、任意整理の結果、残った債務金額が200万円までであり、その返済を可能にする収入があるのなら任意整理は成功です。

任意整理が成功すれば、あとは事実上の廃業の場合と同様、会社の解散登記を法務局で行った後、会社の清算手続きをして、清算の終了によって会社は消滅します。残念ながら、任意整理が失敗に終わった場合には、会社をたたむためには自己破産しかないということになります。

11

任意整理をするメリット

単純に会社をたたむということだけを考えれば、事実上の廃業が無理で、任意整理をしなければならない場合には、初めから自己破産申立をしてしまった方が手間がかかりません。

会社としては、任意整理により行う資産の換価と負債の返済は、自己破産手続きの中で行われる資産の換価と配当という手続きと、それほど変わりません。そして、自己破産手続きでは、最終的に全ての負債を返済できませんが、それでも手続きの終了により会社は消滅します。

これに対して、任意整理では、最終的に全ての負債を返済できないと結局失敗となり、自己破産申立をすることになる上、全ての債務を返済できて成功しても、その後に解散登記や清算手続きをしなければ会社はたためません。

このように考えると、会社を任意整理でたたむことには、それほどメリットがないように見えます。しかし、現実には、ほとんど全ての会社で借入を代表者個人が連帯保証しています。したがって、会社が自己破産すると、代表者が連帯保証している借入のうち、会社が返済できなかった分については、代表者が返済する責任を負うことになります。そして、会社の自己破産手続きでは、この代表者の連帯保証責任については特に考慮されません。その結果、会社は自己破産によりたたむことができたとしても、代表者個人に返済不可能な金額の連帯保証債務が残れば、代表者も自己破産申立を余儀なくされてしまいます。

これに対して、任意整理は、代表者の連帯保証責任を考慮しながら進めることになるので、これが成功すれば、会社をたたむことができて、かつ代表者も連帯保証責任を免れるか、これを負ったとしても返済可能な範囲にすることができます。

具体的に問題になるのは会社所有の不動産の処分に関してです。

会社所有の不動産には、概ね、会社が銀行などから借入をする際に根抵当権が設定されており、この借入を代表者が連帯保証しています。そして、不動産については、通常、競売手続きによって　競り落とされる価格よりも、任意売却する場合の売却価格の方が高額になります。

会社所有の不動産については、処分価格が高額であればあるほど、根抵当権の元になっている借入の残金額が減るので、連帯保証人の負担する連帯保証債務も少なくなります。

しかし、自己破産手続きでは、この点は考慮されません。自己破産手続きにおいて、会社所有の不動産が任意売却される場合は、原則として、その売却価格が根抵当権の元になっている借入の残金額を上回っており、借入の残金額を全て返済して根抵当権を抹消してもらっても余剰金の出る場合です。あとは、その不動産の立地条件が悪かったり、物件そのものが特殊であるなどの理由で、競売手続きでは競り落とされる見込みがなく、銀行などが借入の残金額の一部しか返済できなくても、根抵当権を抹消してくれ、かつ、売却価格の5～10％を破産管財人に残してくれるという合意が得られる場合です。

したがって、それ以外の場合には、自己破産手続きでは、会社所有の不動産の任意売却は行われず、処分は競売手続きに委ねられることになります。その結果、たとえば任意売却をすれ

任意整理のメリット

会社をたたむだけなら、自己破産が適当

▼

ただし、通常は、代表者等の個人保証あり

▼

自己破産手続きでは、原則として、この代表者等の個人保証は考慮されない

▼

任意整理では、むしろこの代表者等の個人保証の処理を重視

▼

任意整理のによれば代表者等の自己破産を回避できる可能性がある

ば、余剰は出ないとしても、ちょうど借入の残金額が全て返済できるような場合であっても、自己破産手続きでは競売手続きに委ねられてしまうことになります。

そうなると、任意売却をしていれば、連帯保証人は連帯保証責任を免れることができたのに、競売手続きで任意売却価格よりも低い金額で競り落とされたため、連帯保証人はその差額分の連帯保証債務を負担しなければならなくなります。

このように任意整理によれば、自己破産手続きによるよりも、会社の借入を連帯保証している者の連帯保証債務を減らすことのできるケースがあります。

これを突き詰めていけば、会社の負債が多額で自己破産申立を免れることができない場合であっても、少しでも連帯保証をしている代表者等の連帯保証責任を軽くするために

は、自己破産申立前に、会社所有の不動産を任意売却することが可能であれば、任意売却をしてから申立を行うことが考えられ、実際にそのような処理をすることもあります。

自己破産については、次章で説明します。

12

任意整理に伴う税務処理のポイント

任意整理は前章の事実上の廃業とは違って、金額や利害関係者（債権者）も多く手続きも複雑になってしまいます。

税務会計上においては、その処理は、任意整理も事実上の廃業も同じです。

会社の有する資産を換価（売却）して負債の返済に充て、負債が過大であればそれを減額（債務免除）してもらい、会社の解散から消滅までの手順の中で、その売却益や債務免除益等に着目して税金を課税するということになります。

事実上の廃業と違う点があるとすれば、取り扱う金額が大きいだけに、手順を間違えると課税される税金も多額になり、任意整理の途中で余計な負債（税金）を生み出してしまうことになる点です。詳しい内容については第11章で述べますが、任意整理の場合には税理士等の専門職にその手続きやプランを相談される方がスムーズに進むと思われます。

13

上手くいった2つのモデルケース

▽モデルケース①会社の資産処分だけで済む場合

まず、会社の資産処分のみで任意整理が上手くいくケースについて具体的に見てみましょう。

C株式会社は、建築設計の会社で、一級建築士3名で設立された会社です。一級建築士のXが代表取締役、同じく一級建築士のYとZが取締役となっています。

自社内で、建物の設計業務を3名が行い、施工については下請けの工務店に任せています。

現代的なデザインの設計が特徴で、バブル期前から発注が相次ぎ、バブル期の初期には2億円で小さいながらも好立地に自社ビルを購入しました。そのローンも、バブルが崩壊するまでの間に完済してしまいました。

ところが、バブル崩壊後は、業績が悪化し、会社の運転資金に充てるために、この自社ビルを担保に銀行などから合計約8千万円の借入をしました。

現在、銀行からの借入が4千万円、旧国民生活金融公庫からの借入が2千万円残っています。

また、約7年前に、取引先から1千万円の不渡り手形を掴まされ、下請けの工務店への支払いのために、やむなく緊急措置として、自社ビルを担保に大手消費者金融から1千500万円を借り入れました。この借入もまだ1千万円が残っていました。

その後、仕事が激減して、借入の返済に追われるようになり、X、Y、Zは生活のために、それぞれの預金をほとんど食いつぶしてしまいました。全員が賃貸マンションに居住しており、これといった財産はありません。

これ以上、借入の返済を続けていくことが困難となり、X、Y、Zは、会社をたたむことを決意して、自社ビルの査定を不動産業者に依頼したところ、5千万円という査定が出ました。自社ビルを売却しても、借入全額の返済は無理であろうと思われたことから、Xらは、自己破産申立も念頭に置いて、知り合いの弁護士に相談をしました。

弁護士が契約書や自社ビルの不動産登記簿謄本などを確認したところ、銀行からの4千万円の借入については、自社ビルに第1順位の根抵当権が設定されており、XとYが連帯保証をしていました。旧国民生活金融公庫からの2千万円の借入についても、同じく自社ビルに第2順位の抵当権が設定されており、XとZが連帯保証をしていました。大手消費者金融からの1千万円の借入についても、一応自社ビルに第3順位の抵当権が設定されており、YとZが連帯保証をしていました。

弁護士が不動産業者の査定書を確認したところ、確かに5千万円という査定が出ていました。ここ数ヵ月は仕事がなかったので、未払の買掛金がないかわりに、未回収の売掛金もなく、換価できる資産は、この自社ビルのみでした。

そこで、相談を受けた弁護士は、知り合いの不動産業者数社に、改めてこの自社ビルの査定を依頼しました。そうしたところ、ほとんどが5千万円前後の査定をしてきましたが、1社だけ、

モデルケース① 会社の資産処分だけで済む場合

C株式会社（建築設計業）

本店等	自社ビル（C株式会社の所有）
株　主	Xのみ
	役員兼従業員X（代表取締役） Y（取締役） Z（取締役）
取引先	下請けの工務店 顧客は主に会社
売掛金	なし
買掛金	なし
借　入	銀行からの借入残が４千万円 旧国民生活金融公庫からの借入残が２千万円 大手消費者金融からの借入残が１千万円 ※いずれも自社ビルに根抵当権設定

●会社のたたみ方

1. 自社ビルを私的入札を実施して、６千５００万円で売却
2. 大手消費者金融の借入を交渉により、１千万円から２００万円に減額
3. ６千５００万円で銀行、旧国民生活金融公庫、大手消費者金融に全額一括返済
4. 解散登記と清算手続

その好立地条件から、私的入札をすれば、もう少し高値で売却ができるかもしれないという提案をしてきました。ここで言う私的入札とは、公的な競売手続きとは異なるものであり、いわゆるオークションをイメージしていただければ結構です。

このままでは会社は自己破産申立をすることとなり、その場合、いずれにしても自社ビルは処分されることになります。そして、その処分価格が低ければ、借入が残り、Xら3名もそれぞれ自己破産申立をしなければならないおそれがあります。

仮に、自社ビルがそのまま競売にかけられて、4千万円でしか落札されなかった場合には、銀行の借入分しか返済ができず、旧国民生活金融公庫と大手消費者金融からの借入はそのまま残り、Xは2千万円、Yは1千万円、Zは3千万円の連帯保証債務を負うことになります。Xらは3名ともこれといった財産はないので、自己破産申立を考えなければならなくなります。

そこで、弁護士は、自社ビルを私的入札にかけて、その結果いかんによっては、任意整理が可能になるのではないかと考え、その旨を説明しました。

Xらも、これを承諾したため、弁護士は、いったん、銀行、旧国民生活金融公庫、大手消費者金融に対して、任意整理を受任した旨の受任通知を発送して、請求や取立を止めることにしました。そして、直ちに私的入札の提案をしてきた不動産業者に依頼して、入札を実施してもらいました。その結果、立地条件が良かったことが幸いして、自社ビルを6千500万円という高値で売却することができました。

この売却の前に、弁護士は大手消費者金融からこれまでの取引履歴を取り寄せ、利息制限法

の引き直し計算をしてみました。そうしたところ、1千万円の借入は200万円にまで減額されました。そこで、弁護士は、大手消費者金融と交渉を行い、残債務が200万円しかない旨の確認合意を取り付け、この200万円の返済で抵当権の抹消に応じさせる和解を成立させていました。

そして、6千500万円の売却代金で、銀行からの4千万円、旧国民生活金融公庫からの2千万円、大手消費者金融への200万円の全ての借入の返済をして、残金の300万円は不動産業者への手数料など売却の際の費用にあてられました。

このようにして、C株式会社は、唯一の会社資産であった自社ビルを売却することで、全ての借入を返済することができ、これで清算すべき債権債務もなくなったので、解散登記をすると、ほぼ同時に清算手続きも結了し、無事に会社をたたむことができました。

▽モデルケース②会社資産と個人資産の両方を売却し債務を負わずに済んだ

次に第1章18頁で紹介したケース2について、具体的にあてはめて見てみましょう。

株式会社Dは、紳士服の販売業を営んでおり、本店は、オフィスビルに賃借している事務所になっています。代表取締役はXで、創業以来の従業員であったYとZが取締役に就任しています。複数のファッションビル内にテナントを借りて営業を行っており、従業員数は、アルバイトを含めると20名います。量販店と比べて高品質な商品を扱い、売上を伸ばしてきましたが、ここ数年、量販店も高品質な商品を扱うようになったせいで価格競争に敗れたことや、不況に

よって紳士服そのものの売上が鈍化したことから、売上が急速に低下してきました。10年ほど前の拡大路線でテナント数を増やしましたが、その後の売上の低下に伴って次第にファッションビルからテナントを撤退し始め、現在は3店舗を残すのみとなっています。

この残った3店舗も3期連続で大幅な赤字決算となりました。従業員の給与は何とか支払ってきましたが、Xはここ1年間は会社から役員報酬や給与を全く受け取ることができず、生活費は全て消費者金融やクレジットカード会社からの借入で賄ってきました。

また、テナント数を増やした際に銀行などから借り入れた7千万円の返済も滞りがちになってきました。ここ2ヵ月は仕入先への買掛金の支払も待ってもらっている状況です。

ここに至ってXは会社をたたむことを決断し顧問税理士に相談をしました。会社の資産負債状況を調べてもらったところ、次のようになっていました。

資産は、賃借保証金800万円、在庫商品時価600万円。売掛金は半年前からカード決済を停止していたので無し。

負債は、銀行3千万円、旧国民生活金融公庫1千500万円、商工ローン2社1千500万円、買掛金10社1千500万円。このうち、銀行は信用保証協会が保証をしており、これに対して、Xとその父親で連帯保証。また、旧国民生活金融公庫からの借入についてはXとその兄が、商工ローン2社からの借入についてはXとその父親と兄が連帯保証をしています。

また、X個人についても、資産、負債を確認したところ、次のようになっていました。

資産は、自宅の土地、建物。既に住宅ローンの支払いは完了しており、銀行と旧国民生活金

融公庫が根抵当権および抵当権をそれぞれ設定しており、時価は5千万円。負債は、消費者金融、クレジットカード会社など10社から合計5００万円。

このように、会社とX個人分を合わせれば、総資産額が6千4００万円で、これに対して会社とX個人分を併せて総負債額は8千万円となりました。これだけを見れば、自己破産申立しかないかとも思われましたが、Xは顧問税理士から弁護士を紹介してもらいました。

弁護士は、これらの会社及びX個人の資産、負債を確認した後、商工ローン2社との取引期間が5～6年間なので、利息制限法に引き直した計算をすれば、かなりの減額が見込めることやX個人の借入についても、3年以上の取引期間があるものは減額が見込めることなどから、任意整理によることを提案してきました。自己破産した場合には、自宅の土地、建物の処分価格が5千万円を下回る可能性もあり、そうすると、場合によっては、旧国民生活金融公庫の借入が少しは残り、連帯保証しているXの父親にも請求されるおそれがあること。また、その上、商工ローン2社の借入が利息制限法の引き直し計算をしても残る場合には、連帯保証をしているXの父親や兄に請求されるおそれがあることを指摘し、任意整理が上手くいけば、これらを回避できるというメリットがあると説明しました。

ただし、賃借保証金が全額返還されるかどうかが不明であることや在庫商品が時価で換価できるか不明なこと、従業員への解雇予告手当などの支出が必要となる可能性もあり、もし任意整理が上手くいかなかった場合には、会社だけでなくX個人も自己破産申立をする覚悟があるかどうかを確認してきました。

モデルケース② 会社資産と個人資産の両方を売却し、債務を負わずに済んだ

株式会社D（紳士服〔小売〕販売業）

本店等	事務所をオフィスビルに賃借 ３店舗をファッションビルに賃借 賃料は１ヵ月合計１００万円、保証金合計８００万円
株　主	Xのみ 役　員：X（代表取締役） Y（取締役） Z（取締役） 従業員：20名（アルバイト含む）
取引先	仕入先10社 小売りなので顧客は個人客が主
売掛金	なし（半年前からクレジットカード決済を中止）
買掛金	仕入先10社に対し合計１千５００万円
借　入	銀行からの借入残が３千万円 （信用保証協会の保証付き、XとXの父親が連帯保証） 旧国民生活金融公庫からの借入残が１千５００万円 （XとXの兄が連帯保証） 商工ローン２社からの借入残が１千５００万円 （XとXの父親、兄が連帯保証）

X個人分

資　産	自宅土地、建物＝時価約５，０００万円 ※上記銀行と旧国民生活金融公庫が根抵当権設定
負　債	会社債務の保証分を除き、消費者金融とクレジットカード会社合計10社から合計５００万円

●会社のたたみ方

1. 弁護士から「受任通知」の発送
2. 従業員に対し解雇予告通知
3. Xの自宅土地、建物を５千５００万円で任意売却
4. 銀行と旧国民生活金融公庫にそれぞれ借入残全額を一括返済
5. 取引先と交渉をして在庫商品のうち３００万円分を仕入値で引き取ってもらい、売掛金が１千５００万円から１千２００万円に減額
6. 在庫商品を売り尽くしセール等により、５５０万円で処分
7. 従業員を解雇して、１か月分の給与合計５００万円を支払
8. 事務所と２店舗の賃借物件を明け渡し、その際に、交渉により、支払を１ヵ月分の賃料合計１００万円にしてもらい、保証金からこれを差し引き、７００万円の返還を受ける
9. 仕入先 10 社に買掛金１千２００万円を支払
10. 商工ローン２社と交渉の結果、両社ともゼロ和解成立
11. X個人分の消費者金融、クレジットカード会社合計 10 社と減額交渉して、合計５００万円を３００万円に減額し、これを一括返済
12. 解散登記と清算手続き

Xは、その覚悟があることを告げ、弁護士を依頼して任意整理をすることが決まりました。

弁護士は、まず廃業時期をいつにするのかを検討しました。事務所とテナント3店舗の賃貸借契約書を確認したところ、いずれも3ヵ月以上前に解約申し入れをすることとなっていました。買掛金の支払時期は、早いもので1ヵ月先、遅いもので3ヵ月先になっていました。弁護士は、3ヵ月後では、さらに会社の負債が膨らむ上、X個人の債務も増加することを考慮し、遅きに失すると判断しました。その上で、在庫商品の処分や従業員への解雇予告手当の支払いを回避する観点から、直ちに受任通知を発送して、任意整理に取りかかるが、会社の廃業は1ヵ月先にすべきとの方針を説明し、Xもこれを承諾しました。

早速、弁護士は、会社の債権者とX個人の全債権者に対して、任意整理を受任した旨の受任通知を発送し、会社の残務整理のため約1ヵ月間は営業を続けるので理解いただきたいこと、直接の請求や取立はせずに連絡等は弁護士にしてもらいたいこと、これまでの取引履歴や現在の債権金額を明らかにしてもらうことをお願いする内容を付記しておきました。

弁護士は、まず、Xに全従業員を集めてもらい、そこで、会社の現状を売上などの数字を示しながら説明して廃業せざるを得ないことを告げるとともに、各人にあらかじめ用意してあった解雇予告通知を手渡し、受領した旨の確認書に署名・押印してもらいました。

そして、弁護士は債権者から問い合わせがあればこれに対応し、債権者から取引履歴などが返送されてくるまでの間にXの自宅の任意売却に着手しました。あらかじめ銀行と旧国民生活金融公庫に連絡をして、任意売却により、借入額全額を返済できる見込みであることを説明し

ておいた上で、複数の不動産業者に査定と売却の仲介ないしは買取を打診しました。その結果、ある不動産業者が、最も高額な5千500万円で直接買い取ってくれることに決まり、すぐに売買契約を締結して、代金の支払いを受けました。それで銀行と旧国民生活金融公庫に返済をして、根抵当権を抹消してもらった上で、その不動産業者に移転登記をしました。諸経費が100万円かかり、売却代金から返済金と諸経費を差し引いて900万円が残りました。

また、その間に、3店舗の在庫商品のうち、仕入値で引き取ってもらえる商品がないかを取引先10社に打診したところ、数社に合計で300万円分を引き取ってもらえることになり、売掛金が1千500万円から1千200万円に減りました。そして、引き取ってもらった残りの在庫商品について、最終売り尽くしセールを行ったところ500万円の売上がありました。それでも残った在庫商品については、ディスカウントショップに50万円で引き取ってもらいました。この時点で、1千450万円の現金が手元に残りました。

そうして、1ヵ月が経過し、20人の従業員に全員対して、解雇通知を手渡し、同時に最後の給与を支払いました。総額で500万円でした。また、事務所と3店舗を明け渡すにあたって、事務用品や商品陳列台などを処分して原状回復するために150万円かかりました。その上で、事務所と3店舗のテナントを各賃貸人に明け渡し、保証金の返還交渉をしました。本来、賃貸借契約上は3ヵ月以上前に解約通知をしておく必要があることになっていたことから、賃貸人はいずれも、2ヵ月分の賃料を返還する保証金から差し引くと主張してきました。弁護士は、差し引く賃料を1ヵ月分にしてもらうよう交渉し、いずれの賃貸人もこれに応じてくれました。

その結果、本来の合計800万円から合計100万円が差し引かれ、合計700万円の保証金返還を受けることができました。この時点で、手元の現金が1千500万円になったことから、まず10社の取引先に対して買掛金合計1千200万円を支払いました。

そのころ、商工ローン2社や消費者金融、クレジットカード会社から取引履歴が、順次返送されてきました。商工ローン2社については、利息制限法の引き直し計算をしたところ、いずれも数万円の過払いになっていました。弁護士は、各商工ローンにその返還を求めましたが、いずれも経営状態が芳しくなく、任意に返還には応じることができないと言ってきました。裁判をするには、いずれも金額が少額であったことから、弁護士は、各商工ローンとゼロ和解（お互いに債権債務がないことを確認するもの）を成立させました。この結果、商工ローン2社への返済は不要になりました。

また、消費者金融とクレジットカード会社併せて10社についても、利息制限法の引き直し計算をしたところ、いずれも取引期間がそれほど長くはなかったので、過払いが出るものはありませんでしたが、総額で500万円の借入を300万円まで減額することができました。そこで、この300万円を一括返済しました。

以上のようにして、Xの自宅を売却したことで、会社とX個人の全ての負債を返済することができ、任意整理は上手くいきました。その結果、株式会社Dは清算すべき債権債務もなくなり、解散登記をするとほぼ同時に清算手続きも結了し、無事に会社をたたむことができました。またXも自己破産を免れ、連帯保証人であったXの父親や兄にも迷惑をかけずに済みました。

第6章

やむを得ず
自己破産する場合

1

自己破産とは

自己破産とは、支払不能または債務超過にある債務者の財産を清算する手続きを言います。

これまでに述べてきた事実上の廃業や任意整理では会社をたたむことができないケース、すなわち、会社や代表者個人の資産を換価しても、なお会社の負債を返済することができないような場合に、会社をたたむ方法としては、この自己破産によるしかないということになります。

この自己破産とは別に、会社の解散登記をして清算手続きに入り、その際に債務超過である場合にとられる特別清算という手続きもあります。しかし、通常は、債務超過であることは会社自身にとって明らかなことですから、わざわざ特別清算といった煩雑な手続きをとらずに、より簡明な自己破産手続きがとられます。特に、中小企業が特別清算手続きを利用することは、ほとんどないと言ってよいでしょう。

自己破産手続きは、会社の主たる営業所の所在地（商業登記上の本店所在地）を管轄する地方裁判所に申立をして行います。

そのほとんどは会社代表者が弁護士に依頼をして、弁護士が会社の申立代理人として裁判所に対して、自己破産の申立を行います。弁護士は会社代表者から相談を受けた際に、事実上の廃業や任意整理による処理が可能かどうかを検討し、それらが不可能ないしは困難と判断した場合には、初めから自己破産の手続きをとることを勧めることになります。

自己破産申立の準備

そして、会社代表者が初めから自己破産によるという決断をすれば、弁護士は依頼を受けて、自己破産の申立準備に入っていきます。

まずは、会社の活動を止めるXデーを決めなければなりません。

廃業するXデーの決定

このXデーは、現在取りかかっている最中の仕事の有無や、残っている売掛金の回収日、残っている買掛金の支払日などを総合的に考慮して適切と考えられる日を設定します。このように事前に下準備をしていることで、後日、債権者から計画倒産だと非難されることがありますが、このような下準備をすることは、決して計画倒産ではなく、その非難は的外れなものです。

計画倒産というのは、破産をする必要性がないにもかかわらず、別会社を作るなどして事業を再生するために、過大になってしまったこれまでの会社債務を免れることのみを目的として行われる不相当な倒産（ケースによっては違法と言えるものもある）を指し、ここで述べている事前に下準備をして自己破産申立をすることとは全く異なります。

そもそも事前になんの下準備もしないで、いきなり会社の自己破産申立をすることの方がまれです。

いきなり会社の自己破産申立をする場合とは、会社代表者がそれまで弁護士等に対して何ら相談もせずに債務超過のままで漫然と営業を続け、手形の不渡りを出して、一斉に債権者等が押し掛けてくる事態になるなど、もはや自らの力では収拾をつけることのできない混乱が生じ、せっぱ詰まって法律事務所に駆け込んで来られるようなやむを得ないケースです。

このような場合には、弁護士としては、まずは混乱を終息させるため、債権者数や債務金額、会社の財産関係など全般的に不明な点が多いままの状態であっても、とりあえず強引に裁判所に自己破産の申立をします。そして、押し掛けてきている債権者や取引先などに対して、裁判所に自己破産の申立をしたことを告知します。裁判所への申立をしたことで、今後は全て裁判所の手続きに従って進めていくことになり、これへの協力を求めることで、いったん混乱してしまった事態の収拾を図るのです。

このような例外的な場合を除けば、会社の自己破産申立をする場合には、多かれ少なかれ、何らかの下準備を行います。

まず、会社の活動を止める、すなわち廃業するXデーを決めるわけですが、その決め方はケースによって様々です。

現在、取りかかっている最中の仕事があり、これが終われば多額の現金が入ってくる見込みがあり、この現金が唯一、従業員の解雇関連費用など、廃業に際して必要な費用や破産申立のための費用に充てることのできるものである場合は、その仕事が終わって、現金が回収できた日以降にXデーを定めることになります。

Xデーまでにすべきこと

このXデーが決まれば、それまでにすべきことを検討します。

まず、従業員を解雇する場合には、Xデーの30日前までに解雇予告を行います。それまでに解雇予告ができなければ、解雇予告手当の支払い義務が発生します。実際の解雇はXデーの直前に解雇通知を交付して行います。また、既に支払期限が来ているのに支払を受けていない売掛金やXデーまでに支払期限の来る売掛金については極力現金で回収するようにします。

この期間に回収した売掛金等とその使途については、後できっちりと説明ができるように記帳するとともに入金記録や領収証などを保管しておきます。

Xデー以降にすべきこと

このような事前準備をした上で、Xデー当日には全債権者に対して、弁護士が会社の自己破産申立について委任を受けた旨の受任通知を発送するとともに、会社の玄関ドアなどに弁護士を代理人として裁判所に自己破産の申立を行う旨の貼り紙をするなどして、対外的に自己破産申立をする旨を表明します。

また、会社の財産が散逸しないように、会社事務所や倉庫などはしっかりと施錠するとともに、会社の財産は全て代理人の弁護士が管理することになった旨を告知しておきます。そして、裁判所に対する自己破産の申立に必要な書類を作成していくことになります。

なお、会社は取締役会を開き、破産申立をすることについての決議をしなければなりません。このXデーから申立をするまでに要する時間は、会社の規模やなすべき事項の量によって様々です。3〜6ヵ月程度かかることが多いのではないかと思います。

申立までの間に、事務所や店舗、倉庫などを賃借している場合には、これを明け渡します。リース品や所有権留保のついている物品をリース会社や所有権者に返還します。売掛金についても、支払期限の到来しているものについてはできる限り回収しておきます。在庫商品等についても、早期に処分しないと換価価値の下がってしまうようなものについては換価しておきます。

このような処理は裁判所が破産手続きの開始決定を出してから以降は、裁判所によって選任された破産管財人（申立代理人とは別の弁護士）が行う事務なのですが、現在、全国的にどこの裁判所でも、破産申立の際に裁判所に納めさせる予納金（裁判所が破産管財人の事務処理に必要だとして納めさせる費用）の金額を引き下げる代わりに、できる限り申立までに、このような処理を、申し立てる側で、済ませておくように求めています。

したがって、申立までにこのような処理をしていなければ、裁判所からある程度の金額の予納金を納めるよう求められることになります。

ちなみに、京都地方裁判所では、従来は会社の自己破産の場合には、100万円程度の予納金を納めるよう求められていましたが、現在の最低予納金額は約22万円程度にまで引き下げられています。

自己破産申立までの準備

1 会社の活動を止めるXデーの決定
▼
2 Xデーの30日前までに、従業員に解雇予告通知
▼
3 Xデーまでに支払期限の到来する売掛金の回収
▼
4 Xデーまでに、取締役会で自己破産申立をする旨の決議
▼
5 Xデーの直前に従業員の解雇
▼
6 Xデー当日に弁護士から「受任通知」の発送、以降、会社財産の管理
▼
7 賃借している事務所、店舗、倉庫などの明け渡しリース品、所有権留保付き物品の返還
▼
8 申立書類の作成

この予納金額については、申立の段階で裁判所から指示があり、場合によっては、申立後に追加で増額請求される場合もあります。

任意整理に失敗して自己破産する場合

ここまでは当初から自己破産申立をすることを決めた場合について述べてきました。これに対して、任意整理をした結果、これが失敗に終わり、自己破産申立をすることになった場合は、ここまで述べてきたことがかなり簡略化できたり、省略できます。

まず、既に会社は活動をやめているのでXデーを決める必要はなく、また、Xデーまでに行うべきことについてもほとんどができているはずなので改めて行う必要はありません。

受任通知についても、既に任意整理を行う旨の通知は出してあるので自己破産申立をすることになった旨を追加して通知すれば足ります。

さらに、通知後、申立までに行っておくべき処理についても、そのほとんどを終えているはずなので、これも改めて行う必要がありません。したがって、この場合には、自己破産申立のための書類作成がメインとなります。

任意整理にあたって、もし自己破産申立をすることになってしまった場合に備えて行っておくべきと指摘したことがきちんとなされていれば、それほど時間はかからず、早ければ、1ヵ月程度でも申立が可能であろうと思われます。

3

自己破産申立後の手続き

申立が終わると、その後、裁判所から債務者審尋期日の指定があります。

この債務者審尋期日というのは、指定された日時に、申立をした会社の代表者が申立代理人の弁護士と連れ立って裁判所に赴き（このように裁判所の期日に出席することを出頭と言います）、担当の裁判官から破産申立に至った事情や会社の財産状況等、裁判所が破産手続きの開始を決定するにあたって法律上の要件が整っているのかどうかなどを確認するために必要な事項を直接質問、聴取されるものです。その場には、破産管財人に選任される予定の弁護士（これを破産管財人候補者と言います）も同席し、この弁護士からも質問をされることがあります。

この債務者審尋期日において、担当の裁判官が、破産手続きの開始決定を出すにあたって問

自己破産申立後の手続き

1 裁判所から債務者審尋期日の指定

↓

2 債務者審尋期日への出頭

↓

3 破産手続きの開始決定

↓

4 破産管財人への財産関係、書類等の引継ぎ

↓

5 破産管財人の調査への協力

↓

6 破産管財人による財産換価など管財業務の遂行

↓

7 債権者集会への出頭

↓

8 配当可能な場合には、債権者への配当の実施

↓

9 破産手続の終了（破産手続きの廃止決定）

題がないと判断すれば、原則として、その日のうちに開始決定が出され、裁判所の破産手続きが開始します。一方、担当の裁判官が、破産手続きの開始決定を出すにあたって、何かしらの問題があると判断した場合には期日が続行され、次の期日までに、その問題を解消してくるように指示が出されます。そして、次回の期日までに、その問題を解消して再び出頭すれば、その時点で開始決定が出されることになります。

破産手続きの開始決定が出された後は、会社の財産を処分する権限は全て破産管財人に移り、もはや会社代表者は、勝手に会社の財産を取り扱うことはできません。会社の実印や銀行印、通帳類なども全て、破産管財人に引き継がれます。会社の代表者は破産管財人に協力する義務があるので、破産管財人から協力を求められれば、これに応じなければなりません。

破産管財人は、換価されていない会社財産があれば、これを可能な限り換価します。換価した現金が管財人の報酬（これは裁判所が管財人の行った処理の内容や量などを考慮して決めます）や従業員への未払いの給与等、公租公課など（これらは優先的に返済をしなければならないものとされています）の支払をしてもなお余剰があれば、債権者に対して配当という形でこれを一定割合で支払います。

開始決定が出れば、それ以降は定期的に（概ね2〜3ヵ月に1回程度の割合）、裁判所で債権者集会（債権者の出席が認められ、破産管財人が管財業務の進行などについて報告を行う）が開かれ、会社代表者はこれに出頭しなければなりません。最終的に配当をするだけの現金が集まらなかった場合には、換価が終了した後の債権者集会において、配当が行われれば、それ

が終了した後の債権者集会において、それぞれ裁判所から破産手続きを終了する旨の決定（これを廃止決定と言います）がなされ、破産手続きは終了します。この破産手続きの終了をもって会社は消滅します。

4

会社代表者のみが自己破産申立をする場合

ここまで、会社の自己破産手続きについて、その概要を述べてきました。

その前提として、会社が事実上の廃業もできず、さりとて任意整理もできないような場合には、会社をたたむためには自己破産手続きしかないと述べました。このことは間違いではありません。

ただ、実際に取り扱う事案の中には、会社の代表者個人についての自己破産申立のみを行い、会社自体の自己破産申立は行わないという場合もあります。

たとえば、会社は既に数年前に廃業しており（ここで言う廃業とは単に事業を止めたというだけで、本書で言うところの後々の問題を残さない事実上の廃業ではありません）、その実体はないけれども借金だけが残っている。そして、その返済を全くできていないか、ほとんどできておらず、代表者個人もその保証債務を負っている上、さらにその後も個人的に借金を重ねたため、返済が不可能になって自己破産申立をせざるを得ないといったケースがあります。

このようなケースでは、代表者個人とともに、会社自体の自己破産申立も行うのが原則なのですが、代表者個人が会社の自己破産申立分までは弁護士費用や実費を用意できないという場合があります。特に、会社の自己破産申立の際の予納金が引き下げられるまでは、１００万円もの予納金が用意できないということは時々ありました。

このような場合、弁護士としては、費用を用意してもらうことのできる代表者個人の自己破産申立のみを行うということにせざるを得ません。

裁判所に代表者個人のみの申立をすると、必ず会社についてはどうするのかを聞かれます。のみならず、会社も一緒に自己破産申立をするよう指導されます。しかしながら、費用が用意できないのに会社の自己破産申立を行うわけにはいきません。そこで、不本意ではありますが、やむなく、裁判所に対しては、正直に、現時点では費用が用意できないため、会社の自己破産申立はできないことを上申して、代表者個人の自己破産申立のみを行うことになります。

この場合、法律的には、会社は存在しており、かつ会社は債務を負ったままの状態なので、債権者は会社に対して支払を請求することが可能です。

しかしながら、その会社が、代表者個人の個人事業から法人成りしたものであって、規模も零細で、会社とは名ばかりで実質的には、ほぼ代表者個人とイコールであると認められるような場合には、代表者個人が自己破産をしてしまえば、事実上、債権者も会社に対して請求等をしなくなることが多いようです。

弁護士としては、後日請求をされた場合のトラブルなどを考えれば、決して好ましいことだ

とは思いませんが、そのようなケースが現実にあることは事実です。

少し、話が脱線しましたが、会社をたたむために自己破産する場合の手続きについて概要を説明しました。

5

保証人の自己破産申立

次に、会社が自己破産手続きをした場合、会社の借入等の債務を保証している保証人もまた自己破産をする必要があるのかどうかについて見ていきます。

まず、保証人の中でも、物上保証人は、単に自己の所有する不動産を担保に提供しているだけであって、保証債務を負っているわけではありません。したがって、その不動産をあきらめるだけで足り、特別な事情がない限りは、自己破産をする必要はありません。

すなわち、物上保証人は、担保に提供した不動産の範囲内でしか責任を負いません。会社が自己破産して、担保の基になっている債務が支払われなければ、債権者からその不動産の競売が申し立てられ、誰かがこれを競落すれば、その不動産を失うだけです。それ以上に、支払を求められることはありません。

これに対して、連帯保証人は、既に説明をしているように、借主とほぼ同じ重い責任を負います。すなわち、会社が自己破産をして借入が返済できなくなると、連帯保証人はその残債務

金額全額についての支払義務を負います。

したがって、連帯保証人は、保証している債務の金額が高額にのぼり、自らの所有する全ての財産を処分しても、この保証債務を返済できなければ、自己破産をせざるを得なくなります。そして、通常、会社の代表者は、会社が銀行などの金融機関からしている借入等のほとんどを連帯保証しているため、会社が自己破産申立をすれば、一緒に自己破産申立をしなければなりません。

これは、会社の代表者以外の者であっても、会社が銀行などの金融機関からしている借入等の一部でも連帯保証をしており、この保証債務を自らの財産では返済できない場合には同じことです。

このように、会社が自己破産をした場合、基本的には会社債務のほとんどを連帯保証している代表者や、会社債務の一部であっても自らが返済不可能な金額の債務を連帯保証している者は自己破産をせざるを得ないのが原則です。

現実には、ほとんど全てと言ってもよいくらいのケースで、会社の自己破産申立をするに際しては、代表者個人の自己破産申立も一緒に行っています。そして、ときには、会社債務を連帯保証していた代表者の親族なども一緒に自己破産申立を行うことがあります。

代表者個人の自己破産申立をした場合、会社の自己破産との違いは、免責手続きというものがあることです。

すなわち、会社は、人（これを自然人と言います）とは別に法律が便宜上、人格（これを法

会社債務の保証人の責任

物上保証人　担保に提供した不動産を失うのみ

連帯保証人

会社の自己破産手続き後の残債務につき弁済責任あり

➡ 自らの財産で弁済できない場合には、自己破産申立を余儀なくされる

人格と言います）を持つものとして特別に認めた法律制度上の存在です。

つまり、会社が取引をする際に、あたかも人と同じように、会社自身の名前で取引ができるように法律が認めているのです。この会社が破産をすれば、破産手続きの終了によりその存在自体が消滅するものと法律で定められています。従って、破産手続きの終了によって自動的に会社はその存在が消えてなくなり、その後の債務弁済責任を免れることになります。

しかし、会社とは異なり、自然人であるその代表者は、破産手続きが終了してもその存在が消滅してしまうわけではありません。

自然人の存在が消滅するのは原則として死亡したときです。なお、自然人は死亡しても、負っていた債務はその相続人へと相続により引き継がれます。

したがって、自然人である代表者は、破産によって当然に債務弁済責任を免れるわけではなく、これを免れるためには、破産とは別の何らかの手続きが必要となります。その手続きが裁判所による**免責手続き**であり、代表者が債務弁済の責任を免れるためには、この免責手続きによって、裁判所から**免責決定**というものを出してもらわなければなりません。

この免責決定とは、破産手続き後に残った債務を弁済する法的な義務を免れさせる決定であり、免責決定をするか否かを決めるための手続きが免責手続きなのです。

免責決定を裁判所に出してもらうためには、原則として、法律に定められた免責を不許可とする事由（免責不許可事由）のないことが要求されます。

免責不許可事由は、次頁に記す破産法２５２条１項に規定されています。

第252条

裁判所は、破産者について、次の各号に掲げる事由のいずれにも該当しない場合には、免責許可の決定をする。

1、債権者を害する目的で、破産財団に属し、又は属すべき財産の隠匿、損壊、債権者に不利益な処分その他の破産財団の価値を不当に減少させる行為をしたこと。

2、破産手続きの開始を遅延させる目的で、著しく不利益な条件で債務を負担し、又は信用取引により商品を買い入れてこれを著しく不利益な条件で処分したこと。

3、特定の債権者に対する債務について、当該債権者に特別の利益を与える目的又は他の債権者を害する目的で、担保の供与又は債務の消滅に関する行為であって、債務者の義務に属せず、又はその方法若しくは時期が債務者の義務に属しないものをしたこと。

4、浪費又は賭博その他の射幸行為をしたことによって著しく財産を減少させ、又は過大な債務を負担したこと。

5、破産手続き開始の申立てがあった日の1年前の日から破産手続き開始の決定があった日までの間に、破産手続き開始の原因となる事実があることを知りながら、当該事実がないと信じさせるため、詐術を用いて信用取引により財産を取得したこと。

6、業務及び財産の状況に関する帳簿、書類その他の物件を隠滅し、偽造し、又は変造したこと。
7、虚偽の債権者名簿（第248条第5項の規定により債権者名簿とみなされる債権者一覧表を含む。次条第1項第6号において同じ。）を提出したこと。
8、破産手続きにおいて裁判所が行う調査において、説明を拒み、又は虚偽の説明をしたこと。
9、不正の手段により、破産管財人、保全管理人、破産管財人代理又は保全管理人代理の職務を妨害したこと。
10、次のイからハまでに掲げる事由のいずれかがある場合において、それぞれイからハまでに定める日から7年以内に免責許可の申立てがあったこと。
イ、免責許可の決定が確定したこと。当該免責許可の決定の確定の日。
ロ、民事再生法（平成11年法律第225五号）第239条第1項に規定する給与所得者等再生における再生計画が遂行されたこと。当該再生計画認可の決定の確定の日。
ハ、民事再生法第235条第1項（同法第244条において準用する場合を含む）に規定する免責の決定が確定したこと。当該免責の決定に係る再生計画認可の決定の確定の日。
11、第40条第1項第1号、第41条又は第250条第2項に規定する義務その他この法律に定める義務に違反したこと。

この破産法252条1項に規定されている免責不許可事由がない場合には、免責が許可されます。

会社の自己破産手続きと保証人の自己破産手続きの違い

	会　社	保証人
破産手続き終了の効果	消滅して弁済責任を免れる	弁済責任は免れない
免責手続きの有無	なし	あり 免責手続きでの免責決定により弁済責任を免れる

ただし、同条項に規定されている免責不許可事由がある場合でも、必ず免責が不許可とされるわけではなく、同条2項では、「前項の規定にかかわらず、同項各号に掲げる事由のいずれかに該当する場合であっても、裁判所は、破産手続開始の決定に至った経緯その他一切の事情を考慮して免責を許可することが相当であると認めるときは、免責許可の決定をすることができる」と規定されています（これを裁量免責と言います）。

したがって、免責不許可事由があったとしても、その程度が軽微であるような場合には、免責が許可される可能性があります。

このように、代表者個人の自己破産申立をした場合には、会社とは異なり、免責手続きを受けなければなりません。

6

会社代表者の自己破産申立の要否

それでは、会社が自己破産申立をする場合には、必ず代表者個人も自己破産申立をしなければならないのでしょうか。

会社が自己破産をする場合、弁護士は基本的には会社債務のほとんどを連帯保証している代表者についても自己破産申立することを勧めます。

それは、免責決定を得ることで、多額の保証債務を弁済する法的な義務を免れるという大きなメリットがあるからにほかなりません。

これに対して、自己破産をすることのデメリットとしては、①弁護士や税理士、警備員、保険外交員など一定の職業については破産者であることが欠格事由とされており、職を辞しなければならないという資格制限を受けること、②破産者は、裁判所の許可がなければ居住地を離れてはならないという居住制限を受けること、③免責決定を得てから7年以内には原則として再度の免責決定を受けられず、7年を経過していても事実上2度目の免責決定を得るのは困難であること、④金融機関からの借入やクレジットカードの利用が当分の間できなくなること、⑤「破産」というものに心理的な抵抗があったり、世間体が悪いことが挙げられます。

このうち、法律的な制限は、①から③までですが、①と②は、破産手続き開始決定が出てから、免責決定が確定するまでの数ヵ月間だけの問題です。

免責決定は、決定が出て、これが官報に掲載され、それから2週間が経過することで確定します（概ね、決定が出てから1ヵ月で確定します）。

なお、これ以外に、世間で誤解されているような戸籍やパスポートに記載されたり、選挙権が無くなったりするなどといったことはありません。

ただ、破産手続き開始決定が出てから、免責決定が確定するまでの間だけ、市区町村の戸籍係等で「破産者でないことの証明」を受けようと身分証明書の交付を求めると、そこに破産開始決定を受けた者であることが記載されます。これは、破産者本人でなければ交付を受けることができない上、数ヵ月の間だけのことです。

そのほか、官報という国が発行する広報紙に破産開始決定が出た際と免責決定が出た際にその旨が公告されますが、一般の人々がまず目にすることはありません。

このように法律上は一定期間だけ、資格制限と居住制限を受けるぐらいで、ほとんど他人に知られることはありません。

④については、会社が自己破産申立をして、代表者に連帯保証人としての返済請求がなされ、これを返済することができなければ、金融機関の信用情報に返済を遅滞した旨の情報が載ることから、代表者個人が自己破産申立をしてもしなくても同じことです。

なお、このような新規で貸付を受けることができない、クレジットカードが利用できないといった取扱いは、法律に規定があるわけではなく、あくまで各金融機関やカード会社が独自の基準で行っているものであり、事実上の制限に過ぎません。したがって、その制限を受ける期

間も特に定まっているわけではなく、金融機関やカード会社によって、まちまちですが、概ね5～7年程度と言われています。

このように見てみると、デメリットのうち、①②④は通常はメリットと比べれば小さなものだと考えられます。とすれば、残るは、③と⑤ですが、⑤については、その人の主観的な問題なので、一概に論じることはできません。どうしても自己破産するのが嫌だというのであれば、それも本当に自己破産申立をしなければならないのかを検討をしてみる理由になるでしょう。

③については、通常は、二度とこのような事態に陥ることはしないと考える人がほとんどなので、あまり問題にはなりません。ただし、将来再度、事業を興そうと考えている人の場合には、どうしても自己破産をする必要までないのであれば、自己破産の申立は避ける意味があります。

すなわち、法律上は、免責決定から7年経てば、免責不許可事由にはあたりませんが、裁判所の運用として、事実上は一生のうちで免責決定を受けることができるのは原則として1回限りで、2回目は困難であると考えておくべきです。とすれば、将来再度、事業を興した場合、もし事業に失敗すれば、そのときに免責決定を受ける必要があるかもしれませんので、今回自己破産申立を避けることができるのであれば、避けることにも理由があるのです。

このように原則としては、代表者も自己破産申立をして保証債務についての免責決定を得る方がメリットが大きいのですが、代表者個人の自己破産申立をする理由が、会社の保証債務のみにあり、その者が将来に再度事業を興そうと考えているような場合には、本当に自己破産申

会社代表者（保証人）の自己破産申立のメリット、デメリット

●メリット

免責決定を得ることで、弁済責任を免れることができる

●デメリット

① 弁護士や税理士、警備員、保険外交員など一定の職業については破産者であることが欠格事由とされているため、職を辞しなければならないという資格制限を受ける（法律上の制限、ただし破産手続き開始決定が出てから、免責決定が確定するまでの数ヵ月間だけの問題）

② 破産者は、裁判所の許可がなければ居住地を離れてはならないという居住制限を受ける（法律上の制限、ただし破産手続き開始決定が出てから、免責決定が確定するまでの数ヵ月間だけの問題）

③ 免責決定を得てから７年以内には原則として再度の免責決定を受けられず（法律上の制限）、７年を経過していても事実上２度目の免責決定を得るのは困難である（事実上の制限）

④ 金融機関からの借入やクレジットカードの利用が当分の間できなくなる（事実上の制限）

⑤「破産」というものに心理的な抵抗があったり、世間体が悪い

※戸籍やパスポートに記載されたり、選挙権が無くなったりするなどといったことはない
※破産手続き開始決定が出てから、免責決定が確定するまでの間だけ、市区町村の戸籍係等で「破産者でないことの証明」を受けようと身分証明書の交付を求めると、そこに破産開始決定を受けた者であることが記載されるが、これは、破産者本人でなければ交付を受けることができない
※官報に破産開始決定が出た際と免責決定が出た際にその旨が公告されるが、一般人がまず目にすることはない

➡ 法律上は一定期間だけ、資格制限と居住制限を受けるぐらいで、ほとんど他人に知られることはない

立をしなければならないのかを検討をしてみる価値があります。

結論から言えば、会社の保証債務の債権者が債権回収会社（いわゆるサービサー）や信用保証協会、旧国民生活金融公庫、旧中小企業金融公庫等の場合には、必ずしも自己破産申立をしなければならないというわけではありません。

ただし、この話の大前提として、そもそも代表者個人が返済をすればできるような、これといった財産を有していないことが条件となります。代表者にそのような財産があれば、いずれの債権者も裁判を起こすなどして債務名義を取り、その財産に強制執行をかけて債権の回収を図ってきます。少なくとも、そのような財産を有していることを債権者に把握されていないことが条件となります。ここに債務名義とは、強制執行をするために必要とされる確定判決などと言います。

まず、銀行のうちでも都市銀行は、ある程度長期にわたって返済が滞ると、機械的・事務的に保証会社からの代位弁済を受け、代位弁済をした保証会社は担保を取っていれば、その強制執行（不動産競売）をさっさと行います。そして、強制執行によっても回収できなかった債権があれば、これを債権回収会社（いわゆるサービサー）に売却します。

このような場合には、債権回収会社は二束三文で債権を買い取っていますから、交渉によって大幅な減額が可能な場合があります。そもそも会社は自己破産してしまい、連帯保証人にも資力がなく、既に担保権も実行してしまっているのですから、債権回収会社はほとんど回収可能性はないものと考えて、二束三文で債権を買い取っているのです。

したがって、代表者としては、一括で支払うことが可能な金額での和解を提案し、それを債権回収会社が受け容れないのであれば、今後一切の支払はできないこと、場合によっては自己破産する旨を言っていけばよいのです。そして、債権回収会社が、こちらの提示した金額での和解に応じない場合には、そのまま放置するしかありません。仮に、債権回収会社が裁判を起こして判決を取ると言ってきても、強制執行される財産がないのですから、裁判をしてもらうしかありません。

また、銀行のうちでも地銀や信用金庫は、そのほとんどが信用保証協会による保証をつけており、信用保証協会が代位弁済をして、代表者に保証債務の返済を請求してきます。

この場合には、信用保証協会は原則として交渉による減額には応じてくれません（ただし、かつて、信用保証協会が裁判を起こしてきた際に、裁判上の和解で、例外的に減額に応じたことがあるということを聞いたことがあります）。

このように減額には応じないものの、信用保証協会は交渉次第では、かなり低額での長期の分割返済には応じてくれることがあります。交渉とは呼べないようなものですが、要するに、信用保証協会に対して、月に支払えるのは何円までだということを宣言してしまうのです。信用保証協会は、その金額が低額であっても、代表者に見るべき財産がなく回収可能性がないと判断すれば、毎月その金額を支払えばよいと応じてくれる可能性があります。その金額では、何十年かかっても到底完済することが不可能な金額であってもです。このとき、信用保証協会としては、完済を念頭には置いておらず、消滅時効にかからないようにするという時効管理に

重点を置いているものと考えられます。

また、旧国民生活金融公庫、旧中小企業金融公庫等も、信用保証協会と同様に、交渉による減額には一切応じてくれません。しかし、これも信用保証協会の場合と同様に、交渉次第では、かなり低額での長期の分割返済には応じてくれる可能性があります。その交渉内容等は、信用保証協会の場合と同様です。

このようにして、債権回収会社には一括返済可能な金額での返済で話がつき、また、信用保証協会や旧国民生活金融公庫等には、毎月低額を支払い続けばよいということで話がついてしまえば、債権者からの請求や取り立てで悩まされることもなく、通常の生活を営みながら支払える範囲で支払を続けていればよいのですから、必ずしも自己破産までしなくてもよい状況になります。ただ、いつまで支払っても完済にはならないため、もし代表者が死亡した場合には、その相続人は保証債務の相続を免れるためには相続放棄をしなければなりません。

このように、必ずしも自己破産をしなくてもよい状況になる場合もあるのですが、そのような場合であっても、あえて自己破産申立をする代表者の方が圧倒的に多いのが現状です。その理由としては、債務を負っている精神的な負担から開放されてスッキリとしたいという心理的な思いや、相続放棄をすればよいとは言え、相続人に債務を引き継がせることを回避したいという思いが挙げられます。

以上のことは、会社の代表者以外の者であって、会社の債務を一部でも連帯保証をしている者についても同様のことが言えます。

7

自己破産のモデルケース

▽モデルケース①会社と代表者、両方の場合

まずは、会社と代表者がともに自己破産申立をする場合について具体的に見てみましょう。

E株式会社は、従業員50名を抱える小規模な引っ越し会社です。本店以外に5つの営業所を持ち、引っ越し用のトラックを20台有しています。

代表取締役はX、他の取締役もXの身内（妻、父親、兄、叔父）でいわゆる同族会社です。10年ほど前から、大手の引っ越し会社との価格競争に巻き込まれ、次第に利益が減少し始め、5年前からは赤字に転落しました。そして、平成19年春の燃料費の高騰により、毎月400～500万円程度の赤字が出るようになりました。それまでは運転資金の借入先が銀行、旧国民生活金融公庫のみであったのが、商工ローン、信販会社、消費者金融まで広がり、最後にはいわゆる街金やヤミ金といった業者からも、会社、X双方が借入をするようになっていました。そして、これらの借入の大部分をXや身内が連帯保証しています。また、従業員への給与の支払いも、3ヵ月滞っており、税金や労働保険料などの公租公課も長期間の滞納が続いています。

他方、本店や営業所は全て賃借しており、その賃料の滞納もあるため、差し入れた保証金が戻ってくる見込みはありません。トラックもそのほとんどがローンで購入したもので、ローン

途中であるものについては、販売会社の所有権留保がついており、ローンを完済したものについては、あまり換価価値がありません。売掛金についても、原則として個人相手の現金決済のため未回収のものはほとんどありません。数少ない法人相手の売掛金については、既に一部が税務署等から差し押さえられています。このように会社資産はほとんどない状態です。

また、Xやその身内も、財産と言えば、まだ住宅ローンの残った自宅と同じくローンの残った自家用車くらいしかありません。

このように従業員の給与も支払えず、売掛金すら差し押さえられたことから、もはや営業を続けることが不可能となり、Xは弁護士に相談をしました。

弁護士が、会社の負債をXから聞き取ってまとめたところ、総額で4億円を超えていました。他方、会社資産は多くとも換価価値が5千万円程度しかありませんでした。また、Xとその身内の個人財産を全てを合わせてもせいぜい4千万円程度でした。E社の業務内容も、個人相手の引っ越し業で、特別な技術や特色がなく、収益力も低いものと言わざるを得ないものでした。

弁護士としては自己破産申立以外に選択肢はなく、Xもこれを受け容れ弁護士の指示で取締役会を開催し、自己破産申立をする旨の決議を行い取締役会議事録を作成しました。

まず、弁護士は全ての債権者に破産申立をする旨の受任通知を発送し、残っていた法人相手の売掛金を回収して、これを弁護士費用と裁判所に納める予納金などの破産費用に充てました。また、全従業員に解雇通知を出し、従業員が「**未払賃金立替払制度**」を利用することができるようにするための準備を始めました。この「未払賃金立替払制度」とは、「賃金の支払の確

保等に関する法律」に基づき、会社が「倒産」したために賃金が支払われないまま退職を余儀なくされた労働者に対して、その未払賃金の一定の範囲について、独立行政法人労働者健康福祉機構（旧労働福祉事業団）が会社に代わって支払う制度です。

立替払を受けるには、会社が労災保険の適用会社で1年以上事業活動を行っていたこと、および会社が法律上の倒産または事実上の倒産に該当することが必要であり、E株式会社は、これに該当しました。また、労働者が、裁判所への自己破産申立が行われた日の6ヵ月前から2年の間に退職しており、未払賃金があって、その総額が2万円以上あることも必要とされており、これに該当させるためには早く破産申立をする必要がありました。

なお、立替払の対象となる未払賃金は、退職日の6ヵ月前の日から立替払請求の日の前日までの間に支払日が到来している「定期賃金」及び「退職手当」で未払のものに限られます。賞与その他臨時的に支払われる賃金、解雇予告手当、賃金に係る遅延利息、慰労金や祝金名目の恩恵的または福利厚生上の給付、実費弁償としての旅費等は対象にはなりません。

弁護士は、破産手続きの開始決定が出れば、この手続きができるよう準備をしました。また、Xから事情を聞き必要な資料を収集して、自己破産申立に必要な書類を作成していくとともに、Xに指示して本社や各営業所の賃貸借契約を解除して明け渡し、所有権留保のついたトラックを販売業者等に返還したり、その他のリース品についても返還をするなどの自己破産申立のために必要な作業を行わせました。そして、約3ヵ月ほどで準備を終えて、裁判所に自己破産の申立を行いました。その際、代表取締役X個人の自己破産も併せて申立を行いました。しばら

モデルケース① 会社と個人、両方の場合

E株式会社（引っ越し業）

本店等	本店、５つの営業所の全て賃借
	賃料滞納につき保証金返還見込みなし
株　主	Ｘのみ
	役員：Ｘ（代表取締役）　Ｘの妻（取締役） Ｘの父親（取締役）　Ｘの兄（取締役） Ｘの叔父（取締役）
従業員	50名、３ヵ月分給与未払い
取引先	顧客は主に個人、一部法人
売掛金	少しあるが一部は税務署等の差押えあり
買掛金	なし
資　産	トラック20台 ローン中のものは所有権留保あり ローン完済済のものは換価価値なし
借　入	銀行、旧国民生活金融公庫、商工ローン、信販会社、消費者金融、街金、ヤミ金
	※いずれもＸやＸの身内が連帯保証人 ※公租公課も長期間滞納しており、負債総額４億円以上 ※会社資産は５千万円以下

◎Ｘ個人分（連帯保証しているＸの身内も同様）

資　産	住宅ローンの残った自宅土地、建物 ローンの残った自家用車 身内全て合計しても約４千万円
負　債	信販会社、消費者金融、クレジットカード会社、街金、ヤミ金

●会社のたたみ方

1. 取締役会で自己破産申立をする旨の決議
2. 弁護士から「受任通知」の発送
3. 未回収の売掛金回収して、弁護士費用、破産費用に充てる
4. 全従業員に解雇通知
5. 従業員が「未払賃金立替払制度」を利用するための準備
6. 本社や各営業所の賃貸借契約を解除して明け渡し
7. 所有権留保付きラックの返還、その他のリース品の返還
8. 申立に必要な書類を作成
9. 代表取締役X個人の自己破産申立準備
10. 裁判所に対して、E株式会社及び代表取締役X個人の自己破産申立
11. 債務者審尋期日の指定、出頭
12. E株式会社とXと破産手続きの開始決定
13. E株式会社関係の全ての書類等及びX個人の財産関係の書類などを破産管財人に引継
14. 破産管財人の調査への協力
15. 破産管財人の管財業務の遂行と債権者集会の開催
16. E株式会社及びX個人の破産手続きを終了する旨の決定（廃止決定）
17. Xに対する免責決定

くすると、裁判所での債務者審尋期日が決まり、その日にXは弁護士とともに裁判所に出頭しました。打合せ室で待っていると、裁判官、裁判所書記官、破産管財人候補者の弁護士がやってきました。そして、債務者審尋が始まり、裁判官と破産管財人候補者の弁護士から、それぞれいくつかの質問があり、Xと弁護士がこれらに答えました。裁判官は特に破産手続きの開始には問題がないと判断し、同日の午後5時にE株式会社とXと破産手続きの開始決定を出す旨を告げました。

その後、弁護士は、E株式会社の実印や銀行印、通帳類など会社関係の全ての書類等と、X個人の自宅の権利証などのX個人の財産関係の書類などを破産管財人に就任した弁護士に引き継ぎました。Xはしばらく後に、破産管財人の弁護士から連絡を受けて、その弁護士の事務所に行き、そこで破産申立に至る会社の詳しい事情などを聞かれました。

そして、約3ヵ月後に、裁判所で、第1回の債権者集会が開かれ、Xは弁護士とともに出席しました。債権者が数名出席しており、集会が始まった冒頭で、Xは裁判官から発言を求められ、弁護士との打合せ通りに、多くの債権者に対して多大な迷惑を掛けたことをお詫びする旨を述べました。

その後、2～3ヵ月に1回の割合で、債権者集会が開かれ、Xは毎回弁護士とともに出席しました。集会では破産管財人の弁護士から管財業務の進行などについて報告が行われました。

そして、4回目の集会で、破産管財人の弁護士から、まず、E会社について換価作業をしても、最終的に配当をするだけの現金が集まらなかった旨の報告があり、裁判所からE株式会社

の破産手続を終了する旨の決定（廃止決定）がなされました。引き続いて、破産管財人の弁護士から、X個人についても最終的に配当をするだけの現金が集まらなかった旨の報告があり、裁判所からXに対して、X個人の破産手続きも終了する旨の決定（廃止決定）がなされました。また、裁判所から破産管財人の弁護士に対して、X個人の免責についての意見が認められ、特に不許可事由はないとの意見が述べられました。

裁判官から、後日、この意見を参考に裁判所が免責決定を出すかどうかを検討する旨を告げられ、破産手続きは終了しました。その後、しばらくして裁判所からXに対して、免責決定が出ました。このようにして、E株式会社は破産手続きの終了をもって消滅しました。

またXは免責決定を得たことで、それまでの負債についての弁済責任を免れました。この手続きの過程で、Xは破産管財人によって自宅と自家用車を売却され、これらを失いました。

なお、Xの身内も、その後、ほとんどが自己破産申立をすることになりました。

▽モデルケース②会社のみ自己破産で、代表者は自己破産しない場合

次に会社のみ自己破産申立をして、代表者個人の自己破産申立はしない場合について具体的に見てみましょう。

有限会社Fは、大手保険会社に勤めていたXが10年前に早期退職をして設立した保険代理店です。取締役はX1名のみで従業員は雇っておらず、妻が経理や事務を手伝っています。

設立して4～5年は、退職した会社やその顧客からの紹介などもあり、年間700万円程度

の売上で黒字経営でしたが、その後、退職した会社との間でトラブルがあり、それ以降次第に売上が低下し、6年目からは年間100~150万円の赤字が出るようになりました。さらにここ2年は年間売上が400万円まで落ち込み、年間の赤字が300万円になりました。

赤字が出るようになってから、有限会社Fは運転資金を借り入れるようになり、現在、信用金庫に300万円、銀行に200万円の借入が残っており、いずれも信用保証協会の保証付きでXが連帯保証をしています。これだけなら良かったのですが、約半年前からシステム金融業者からの借入に手を出してしまいました。信用金庫や銀行に対する返済が滞りがちになり、頻繁に督促されるようになってきたころに、悪いタイミングで融資を勧誘するファックスが届き、つい手を出してしまったのです。

システム金融業者とは、いわゆるヤミ金の一種で、主に中小企業向けにファックスやダイレクトメールで融資の勧誘を行い、一度も面談することなく、手形や小切手を担保として郵送させて高金利の融資を行います。そして、その情報を仲間の同業者に流し、その情報を受けた別のシステム金融業者が、前の業者が担保として受け取った手形や小切手の返済期日が差し迫った頃合いを見計らって、ファックスやダイレクトメールを送りつけて同じように融資の勧誘を行い同様の融資をします。

このようなシステムで同業者が情報を共有し、連携しながら高金利で貸付をするヤミ金を特にシステム金融業者と呼びます。当然、このような貸付を繰り返せば、借金は雪だるま式に膨らんでいくことになります。

有限会社Fは、このシステム金融業者に手を出してしまい、当初は50万円程度であった借入が気がつけば、20倍の1千万円にまで膨らんでしまいました。そして、これが返済できなくなると、差し入れていた1千万円分の小切手10通（100万円×10）が取立に回されて不渡りとなり、その後は業者から毎日のように電話で脅迫めいた取立をされるようになりました。

そこで、困り果てたXは、弁護士に相談しました。弁護士はシステム金融業者の対応だけでも足りると考えましたが、Xは会社をたたむつもりで会社の自己破産申立を依頼しました。

弁護士は、全てのシステム金融業者に対してファックスで受任通知を送信し、その通知の中に、貸付金利が、明らかに出資法（出資の受入、預かり金及び金利等の取締りに関する法律）の制限を超えるものであるので、貸付そのものが無効であること、したがって返済する義務はなく、逆にこれまで返済した金額を全額の返還を求めること、差し入れた小切手を返還すること、これ以上取立を続ければ、刑事告訴も辞さないことを記載しました。

10あった業者のうち、2、3の業者は、弁護士に電話をしてきて、脅し気味に返済するよう求めてきましたが、弁護士が毅然とした対応をすると、その後連絡をしてこなくなりました。また、半分の業者は、小切手だけは返還してきました。債権を放棄するというファックスを送ってくる業者もありました。結局、連絡のつかない業者が3つほど残りました。

弁護士はこのようにして、事実上、システム金融業者が、今後取立をしてこないようにしてから、有限会社Fについて自己破産申立をしました。その申立の際に、システム金融業者も一応は債権者の中に別立てで（システム金融業者の一覧表として）挙げておきました。

モデルケース②　会社のみの自己破産で、代表者は自己破産しない場合

有限会社F（保険代理店業）

本店等	自宅兼事務所（X個人所有）
株　主	Xのみ
	役員：Xのみ（取締役）
従業員	なし、妻が経理事務手伝い
取引先	個人、法人
売掛金	なし
買掛金	なし
借　入	信用金庫からの借入残３００万円 銀行からの借入残２００万円

※いずれも信用保証協会の保証付きでXが連帯保証人
その他、システム金融業者から１千万円の借入

●会社のたたみ方

1. 弁護士から全てのシステム金融業者に対してファックスで「受任通」知を送信

↓

2. システム金融業者が、今後取立をしてこないように対応

↓

3. 有限会社Ｆについて自己破産申立

↓

4. 債務者審尋期日の指定、出頭

↓

5. 有限会社Ｆの破産手続き開始決定

↓

6. 破産管財人の調査への協力

↓

7. 第１回の債権者集会で、有限会社Ｆの破産手続きを終了する旨の決定（廃止決定）

↓

8. Ｘ個人については自己破産申立せず

↓

9. Ｘは、信用保証協会と話し合い、毎月１万円ずつの返済で合意

その後、裁判所で債務者審尋期日があり、Xは弁護士とともに裁判所に出頭しました。この審尋の結果、特別問題もなかったので、同日の午後5時に有限会社Fの破産手続き開始決定が出ました。その後、弁護士は、有限会社Fの実印や銀行印、小切手帳や通帳類など会社関係の全ての書類等を破産管財人に就任した弁護士に引き継ぎました。

Xは審尋の後に別室で破産管財人の弁護士から少し会社の財産状況などについて聞かれましたが、それ以外は何度か電話での問い合わせがあった程度でした。約3ヵ月後に裁判所で第1回の債権者集会が開かれ、Xは弁護士とともに出席しましたが、破産管財人の弁護士から換価するような財産もなく、配当はできない旨の報告があり、裁判所から有限会社Fの破産手続きを終了する旨の決定(廃止決定)がなされました。なお、債権者の出席はありませんでした。

このようにして、有限会社Fは、破産手続きの終了をもって消滅しました。X個人についても、信用金庫と銀行が、既に信用保証協会から代位弁済を受けていたため、信用保証協会に対して500万円強の債務がありましたが、自己破産申立はしませんでした。

弁護士からは、X個人が自己破産申立をした場合のメリット、デメリットの説明があり、その上でXにはこれといった財産もないので、たとえ信用保証協会が裁判を起こしても、現状では強制執行をされないことから、X自身が決めるようにアドバイスされました。Xも破産自体に心理的な抵抗があり、また年齢的にも再就職は難しく、今後、個人事業を営む可能性もあるので、不測の事態に備える意味でも、自己破産申立をしないと決めました。そして信用保証協会と話し合いを行い、Xが毎月1万円ずつを返済していくことで話がつきました。

第7章

会社を売却する場合

1

会社の売却とは

会社の売却とは、会社そのものを第三者に売却してしまうことであり、これによって会社経営者は会社関係から離脱します。

会社自体は買い受けた第三者のもとで存続するので、厳密には会社をたたむとまでは言えないかもしれませんが、会社経営者にとっては、会社の経営からリタイアしてしまうのですから、会社経営をやめるという意味では、会社をたたむことにほかなりません。

特に、会社経営を引き継いでくれる承継者がいないような場合であって、解散、清算して、残余財産の分配を受けるよりも、売却した方が多くの対価を獲得できる場合には、会社のたたみ方としては、会社の売却が手続きも簡単でお勧めの方法となります。

2

会社売却の方法

具体的には、会社の発行済み株式を全て第三者に売却することです。買主との間で株式の売買契約を結んで代金を支払ってもらい、株主名簿の名義書換をすれば、手続きは完了します。

会社の発行済み株式の全てを会社経営者が1人で所有している場合には、売主は会社経営者のみですが、他にも株主がいる場合には、それらの者にも売主として株式を売却してもらう必要があります。あるいは、事前に会社経営者がそれら他の株主から全ての株式を買い取って、全株式を所有した上で、これを売却します。

したがって、他の株主の一部が売却に反対する場合には、全株式を売却することができなくず、それでは会社を売却することにはならないため、この方法は使うことができなくなってしまいます。

ただし、一部の株主が株式の売却に反対している場合であっても、全ての株式を別の会社に移転させてしまうことのできる株式交換という制度を利用することで、実質的に会社の売却を行うことが可能です。この制度は、元々はある会社が別の会社を完全な子会社とするための制度であり、株主総会の特別決議、すなわち、総議決権の過半数を有する株主が出席し、かつ、その出席した株主の議決権の3分の2以上の賛成によることが要件とされています。

そしてこの制度では、売主にあたる会社の全株式を取得する対価として、自社株式を交付することが原則なのですが、２００7年5月1日からはその対価を自社株式ではなく金銭とすることもできるようになりました。

したがって、一部の株主が株式の売却に反対している場合には、次章で説明する吸収合併によらず、この制度を利用して、実質的に会社の売却を行うことも考えられます。

この制度を利用して、実質的に会社の売却を行う場合（売主にあたる会社の全株式を取得する対価として、買主にあたる会社が自社株式ではなく金銭とする場合）の手続きは次章で述べる吸収合併の場合と同じです。

ただし、この制度を利用する場合、売却先が会社でなければならないという制限がありますので、通常は会社の売却ではなく、次章で説明する吸収合併の方法によることがほとんどであろうと思われます。

会社の売却の方法

会社の発行済み株式を全て第三者に売却

●株主が経営者１名の場合は問題なし

●他に株主がいる場合

1. 他の株主にも売主になってもらう
2. 他の株主から会社経営者が株式を全て買い取る
3. 株式交換制度の利用（ただし、株式の売却先は会社に限られる）

3

売却先を探す

会社を売却するにあたって最も問題となるのは売却先を見つけることです。まずは、周囲にいる関係者や友人、知人などに声をかけるなどして、経営者自らが探してみることが考えられます。ただし、買主はそれなりの現金を準備する必要がありますので、そう簡単には売却先を見つけることはできないでしょう。

そこで、通常は、地元の商工会議所、取引銀行などが設けている中小企業のM&Aについての相談窓口や、中小企業のM&Aを仲介している業者（M&Aアドバイザーと呼ばれている）などを利用することになります。当然、仲介業者を利用すれば、それなりの手数料がかかりますが、やむを得ません。

会社売却によって会社をたたむことができるか否かは、この売却先が見つかるか否かにかかっていると言っても過言ではありません。

4

会社の売却が可能な場合

どのような場合に会社の売却が可能かというのは、見方を変えれば、どのような場合であれば売却先が見つかりやすいのかということと同じことです。それは、当然、第三者が購入するだけの価値が会社に認められる場合です。

その一つは会社の事業に収益力がある場合です。会社が黒字経営であればそれに越したことはありませんが、仮に現経営者の経営のやり方がまずくて赤字になっているような場合であっても、その会社の事業そのものに収益力があると認められれば、これを買い受けたいという者が現れやすくなります。

会社の事業に収益力が認められる場合としては、事業そのものが特別なものである場合（例えば独自の商品や技術を有しているような場合）と、会社が利益を生み出すシステムがしっかりと構築されており、しかも現場の組織が上手く機能しているような場合が考えられます。

また、会社の財産関係がしっかりとしている場合にも、売却先が見つかりやすいと考えられます。中小企業の場合、会社財産と代表者個人の財産とが混同され、公私混同になっていることが多いのですが、これらがきっちりと峻別されており、しかも有している資産と抱えている負債に無駄が少ないような会社は、これを買い受けようとする者が現れやすいと考えられます。

5

会社売却の手順

売却先が見つかった場合、まずは売却する株式の単価を決めなければなりません。

その際に、通常は株式の評価という作業をします。中小企業の場合には、株式が上場株式として、株式市場で価格がついている場合はないでしょうから、結局のところ、売却する株式の単価は、売主と買主との間の合意で決めなければなりません。

しかし、合意と言っても、何の基準もなければ、合意のしようもありません。そこで株式の単価を合意によって決める際の基準になるものとして、株式にどの程度の価値があるのかを評価するのです。

この株式の評価方法には様々なものがあり、会社の収益状況や財産、取引先などを総合的に考慮して行うことになりますが、実際には公認会計士や税理士に依頼して行うこととなります。評価方法には代表的なものがいくつかありますが、ここでは割愛させていただきます。

このように、まずは公認会計士や税理士に依頼して株式を評価してもらい、この評価を基準として売主と買主の間で具体的な単価を決めていくことになります。

この株式の評価は、会社経営者が1人で全ての株式を所有していない場合で、かつ、あらかじめ他の株主から株式を買い取っておく場合には、その買取価格を決める基準にもなります。

また通常、中小企業では定款で株式の譲渡をするには会社の承認を必要とする旨の制限が設

会社売却の手順

1. 売却先の決定
2. 公認会計士、税理士に依頼して、株式の評価
3. 買主との間で、具体的な株式の売買価格の合意
4. 株式譲渡の承認が必要な場合には、承認手続き
5. （発行済み全）株式の売買契約の締結
6. 売買代金の支払と株主名簿の書換（株券を発行している場合にはその交付）

けられています（このような制限のある株式を譲渡制限付株式と言います）。そこで、株式を売却するにあたっては、あらかじめ取締役会を設置している会社であれば、取締役会における取締役の過半数をもって、そうでなければ、株主総会における過半数をもって譲渡の承認を決議しておく必要があります。なお、会社経営者が全ての株式を所有している場合には、特に問題にはなりません。

さらに、中小企業の場合、通常は株券を発行していないものと思われますが、株券を発行している場合には、売却の際に発行されている全ての株券を交付しなければなりません。もし株券の一部を紛失しているような場合には、本来なら株券喪失登録手続きによってその紛失した株券を無効にした上で、新たに株券を再発行して、これを交付しなければなりませんが、この手続きには少なくとも1年はかかってしまいます。

そこで、株主総会において3分の2以上の多数決をもって（これを特別決議と言います）、株券を発行しない旨の定めをする定款変更の決議をして、その旨および会社が定める一定の日において、株券が無効となる旨をその日の2週間前に公告し、かつ、株主および株主名簿に記載または記録のある質権者に個別に通知をすれば、その「一定の日」に株券は無効となり、既に発行している株券を回収する必要はなくなります。

よって、この株券を発行しない旨への定款変更の手続きをすれば、そもそも売却の際に株券を交付する必要がなくなります。

6

会社売却に伴う問題

このように会社の発行済み株式の全てを売却することで、会社経営者は会社関係から離脱し、実質的には会社をたたんだことになるのですが、中小企業では、ほとんどの場合、会社経営者が代表者として会社の借入について連帯保証しています。

この場合、株式を売却しても、連帯保証人としての責任が自動的になくなるわけではありません。何もしなければ、会社は売却したのに、会社の借入についての連帯保証人としての責任だけは負い続けるということになってしまいます。

そこで、会社を売却するにあたっては、事前に連帯保証人から外してもらうよう手続きをしておかなければなりません。

具体的には、金融機関との間の連帯保証契約を解除してもらうことになりますが、金融機関もこれに無条件には応じることはありません。

したがって、あらかじめ会社の買主とも協議した上で、金融機関に事情を話し、会社の買主の側で新たな連帯保証人をつけるか、あるいは担保を提供してもらうことを条件に、従来の連帯保証契約を解除してもらうなどしておく必要があります。

7

売却に伴う税務処理のポイント

会社の売却について、税務上のポイントは2点です。

第一に自社株式の評価算定の問題があります。

前述のように上場株式であれば、日々株式市場で売買金額が発表され、売買金額について悩む必要はありませんが、中小企業の株式については売買されること自体がまれであり、どのように売却金額を評価算定するかが問題となります。

この場合の売却金額とは法人税法上は「時価」と規定されているだけで、その算出方法も状況に応じて様々であり、純資産や類似業種の株価を参考にしての評価や将来の収益を見込んでの評価を加味して「時価」を算出することとなります。

実務上は、会社の売却を視野に入れて会社をたたもうと考えているのなら、税理士や公認会計士等の専門職に自社株の評価を依頼して適正な評価額を出してもらうのが通常でしょう。

この場合、売却先に買いたたかれないように自社の財務内容や数字に表れない収益力等を把握して、少しでも高く会社を売却できるようにすることが重要となります。

第二には株主（代表者ら）に対する株式の譲渡益に対する課税の問題です。

会社の売却とは、代表者らが保有する自社株の売却ですから、当然取得価額以上で株式が譲渡できたときには、その差額である譲渡益部分には所得税が課税されます。

ただ本書で取り上げるような業績不振の状態での株式売却であれば、通常譲渡益は発生しないことが多く、この点に関しては重きを置く必要は少ないと思われます。

なお消費税については、会社売却＝株式の売却であり消費税の非課税取引に該当するため課税の問題は生じないことになります。

いずれにせよ会社の売却や合併、分割といった手法を用いた会社の清算については会計上、税務上ともに複雑な法令があり、間違えると多額の税金が課されることや、最悪の場合には、合併等が成立しないこともありますので、経営者と税理士、公認会計士等の専門職と一緒にプランを考える必要があります。

8 売却のモデルケース

本章と次章では、G株式会社のケースについて具体的に見ていきます。

G株式会社は医療用コンピューターシステムの開発販売会社です。大学時代の同級生3名が起業した最近はやりのベンチャー企業と呼ばれる会社です。大学時代に同じ研究室にいた同級生のX、Y、Zが大学発のベンチャー企業として設立し、Xが代表取締役、Y、Zがそれぞれ取締役となっています。従業員数はコンピューターのシステムエンジニア40名を含む50名です。

設立当初から医療用コンピューターシステムに特化して、レセプト（診療報酬明細書）作成

用システムおよび電子カルテ作成用システムの開発、販売を手がけることにしました。そして、大学の協力もあり、銀行から起業時の開業、開発資金として3億円を年2％という非常に低金利で借り入れることができました。

会社設立後、約2年で各システムの開発に成功し、250の医療法人や開業医が、大学との関連等でこれらを導入してくれたので、2年目から月に1千250万円の売上が入ってくるようになりました。

しかし、設立後、売上が入るようになるまでに、人件費、設備費等の経費が毎月1千200万円かかり、設立時に借り入れた3億円は使い切っていました。

設立から3年目を迎えて、Xは会社経営に行き詰まりを感じ、会社をたたんで研究者の道に進みたいと考えるようになり、知り合いの弁護士に相談をしました。

弁護士が話を聞いたところ、会社が開発したシステムはいずれも、その使い易さや品質の高さを認められており、初めは大学との関連でしぶしぶ導入した医療法人や開業医のほとんどからも好評で、継続したメンテナンスが望まれています。システムのリース料やメンテナンス料は、安定した売上であり、現在、月に平均すると1件5万円で250件あります。

営業力さえあれば、この250件を2倍の500件にすることは十分に可能なのですが、悲しいかな、G株式会社にはそこまでの営業力がないために契約件数が一向に増えません。

現在の売上のままでは、設立当初の借入の金利を支払っていくだけで精一杯であり、元本の返済が全く進んでいきません。そのため、新たな融資が受けられず、次世代のシステム開発も

できないので、他社が新しく開発するシステムに取って代わられるなどして、近い将来、会社経営が立ちゆかなくなる可能性が目に見えていました。

弁護士は、現時点で事業自体には収益力があるので、会社を売却できる可能性があると考え、Xに提案をしました。Xもできるものなら、これまで一緒に会社を支えてきてくれた従業員らの生活を守りたいと考えていたので、会社の売却を試みることにしました。

まず、弁護士は、G株式会社の株主がX、Y、Zの3名であることを確認し、XにYとZの2名にも会社を売却してよいのか意向を確認するように指示し、Xの周囲に買い取ってくれそうな者や会社がいないか探すよう求めました。

そして、弁護士は知り合いの公認会計士にG株式会社の株式の評価を依頼しました。

公認会計士は、3億円の借り入れがあるものの、年2%の固定金利という非常に低金利の借入であること。収益力も現在のように売上が低いのは単に営業力が極めて低いからであって、通常の営業力さえあれば、最低でも現在の倍の売上を得ることは容易であると考えられると判断しました。売上が倍になれば、3億円の借入は3年以内に完済できてしまうことなどから、どう低く見積もっても、G株式会社の発行済み株式の評価は総額で3千万円を下らないというものでした。

弁護士は、この公認会計士の話を受けて、Xだけでなく、YとXも一緒に呼んで確認をしました。弁護士が確認したところ、X、Y、Zは全員、会社を売却することに同意しており、売却代金までは望んでいませんでした。ただ、できるならば従業員の雇用をそのまま維持しても

らいたいと考えていました。

弁護士は3人に会計士の評価額を伝え、1人当たり1千万円程度の売却対価を得られる可能性があるが、今は対価の問題よりも、売却先を見つけることが先決であることを改めて説明しました。

X、Y、Zは周囲にいる関係者や友人、知人などに声をかけるなどして、売却先を探してみましたが、適当な売却先を見つけることはできませんでした。また、Xらは地元の商工会議所、取引銀行などが設けている中小企業のM&Aについての相談窓口なども利用してみましたが、芳しい結果を得られませんでした。

そのような状況であったので、弁護士は、中小企業のM&Aを仲介している業者（M&Aアドバイザーと呼ばれている）の利用を提案しました。それなりの手数料がかかることになりますが、Xらは特に対価を望んではいなかったので、これに同意しました。

そこで、弁護士が手配して、複数のM&Aアドバイザーに声をかけたところ、2件の売却先候補が見つかりました。

1社は中堅のコンピューターシステム開発会社で、これまで医療用システムには手を出していませんでした。ただ、将来的には進出を考えていたようで、G株式会社の発行済み株式を6千万円で買い取るとの条件を提示してきました。その代わり、従業員の雇用関係の維持については保証はできないと言ってきました。

もう1社はG株式会社と同じ医療用コンピューターシステムに特化した従業員100名程度

モデルケース

G株式会社（医療用コンピューターシステム開発販売業）

本店等	賃貸物件
株　主	X、Y、Z
	役員：X（代表取締役） Y（取締役）　Z（取締役）
従業員	50名
取引先	医療法人や開業医
資　産	レセプト（診療報酬明細書）作成用システム及び電子カルテ作成用システムシステムのリース料やメンテナンス料は、月に平均すると１件5万円で、２５０件
借　入	銀行から３億円、年２パーセントの金利

●会社のたたみ方

1. YとZの２名にも会社を売却して良いのか意向を確認
2. 公認会計士に、G株式会社の株式の評価を依頼
＝G株式会社の発行済み株式の評価は総額で３千万円を下らない
3. 売却先を探す（Xらが、周囲にいる関係者や友人、知人などに声をかけるなどするほか、地元の商工会議所、取引銀行などが設けている中小企業のM＆Aについての相談窓口なども利用してみる）
4. 弁護士の提案で、中小企業のM＆Aを仲介している業者（M＆Aアドバイザー）の利用
5. 売却先候補中から売却先の決定
6. X、Y、Zからその売却先への株式の売買契約書を作成
7. 株主名簿の名義書換と売却代金の支払

の会社で、発行済み株式の買い取り価格は3千万円の提示をしてきました。ただし、この会社は、以前からG株式会社のシステムの品質が高いことを評価しており、その品質の高さが従業員の平均した能力の高さから来ているということを理解していたので、従業員の雇用関係を原則として維持することを約束すると言ってきました。

Xらは弁護士と相談した結果、後者の会社に3千万円で売却することに決めました。弁護士は、X、Y、Zからその会社への株式の売買契約書を作成し、そこに原則として従業員の雇用関係を維持する旨の条項も盛り込みました。

G株式会社は、株券を発行していなかったので、株券の交付は必要なく、株主名簿の名義書換をするだけで済みました。

対価についても現金で支払われました。Xらは1人あたり、1千万円の株式売却対価を得ましたが、M&Aアドバイザーへの手数料や、弁護士や公認会計士への費用を支払うと、半分近くが消えていきました。

G株式会社の3億円の借入は、大学発ベンチャー企業の起業支援として設けられた特別枠の融資であったことから、Xらは個人保証を求められていませんでした。そのため、Xら個人の連帯保証契約の解除などの処理をする必要はありませんでした。

このようにして、G会社は売却され、Xらは会社関係から離脱して、実質的に会社をたたむことができました。

第8章

会社を合併する場合

1

会社の合併とは

第2章で簡単に触れた通り、会社の合併には**吸収合併**と**新設合併**の2種類があります。単純化して説明すると、このうちの新設合併とは、2つ以上の会社が合併する際に、新しい会社を設立して、その新しく設立した会社に既存の会社が全て吸収されて消滅するケースを言います。

これに対し、吸収合併は、既存のある会社が、既存の他の会社に吸収されて消滅するケースを言います。一般的に合併と言えば、この吸収合併をイメージされる方の方が多いと思います。

現実にも、通常、合併と言えば、この吸収合併の利用されることが多い上、中小企業が会社をたたむために利用するとすれば、そのほとんどは吸収合併を利用することになると考えられます。そのため本書では、この吸収合併について解説することにします。

吸収される会社は、他の会社に吸収合併されることによって消滅しますので、その経営者は会社経営から離脱することになります。

この場合も、会社は消滅するものの、それまで会社が行ってきた事業は吸収された会社で継続されるので、厳密に言えば会社をたたむとまでは言えないかもしれませんが、吸収によって会社が消滅する結果、消滅する会社の経営者は、会社の経営からリタイアすることになるので、その意味では会社をたたむことになります。

2

吸収合併を利用する場面

どのような場合に、この吸収合併によって会社をたたむことがあるのかと言えば、経営している会社の事業内容のほとんどが特定の会社の下請け業務で占められているような場合です。

この場合、両者間に何も資本関係がなければ、法律的には、両者は全く別個の会社であって、親子会社でもなんでもないわけですが、実質的には親会社、子会社と変わらないような関係に立っています。

このような場合に、実質的に子会社とほとんど変わらない下請け会社が、会社をたたむということになると、実質的に親会社とほとんど変わらない会社は、新たな下請け会社を探さなければならなくなるなど、場合によっては、その業務の一部が停滞してしまうおそれがあります。

そこで、そのような下請け会社が会社をたたむ際には、吸収合併によって、その親会社のような取引先の会社に会社自体を丸ごと譲渡してしまう形で会社をたたむのです。

つまり、第7章で説明した会社の売却と同様の結果を、会社の吸収合併という方法で実現しようとするわけです。

7章で説明したように、会社売却の際に、会社の発行済み株式の全てを会社経営者が1人で所有しておらず、他にも株主がいる場合には、その株主の中に売却に反対している者がいれば売却はできません。

ただし、一部の株主が株式の売却に反対している場合でも、株主総会の特別決議（総議決権の過半数を有する株主が出席し、かつ、その出席した株主の議決権の3分の2以上の賛成が必要）によって全ての株式を別の会社に移転させてしまうことのできる**株式交換**という制度を利用すれば、実質的に会社を売却することができます。

この制度を利用して、実質的に会社の売却を行う場合には、売却先が会社でなければならないという制限があるので、通常は会社の売却ではなく、吸収合併の方法によることがほとんどであることも既に説明した通りです。

吸収合併の方法は、この株式交換という制度を利用する場合と同様に、一部の株主が反対していても、株主総会の特別決議さえあれば使うことができます。

会社経営者が唯一の株主で他に株主がいない場合には、通常は、手続きが簡単な会社の売却の方法を使うことになります。ただ、この場合には、現実には吸収合併の方法でもさほど手続き的な負担はかかりませんので、会社経営者はどちらの方法でも選択して使うことができることになります。

3

吸収合併の手順

ここでは、吸収される会社側の手続きを説明します。

まずは、吸収する会社との間で合併契約を締結して、合併契約書を取り交わします。

次に、合併契約に関する資料を株主総会の2週間前の日から合併契約で定めた吸収合併の効力発生日までの間、会社の本店に備え置きます（会社法782条）。

そして、効力発生日の前日までに株主総会で吸収合併契約についての承認決議（特別決議が必要です）をします（同法783条）。

その際に、吸収合併に反対する株主は、有している株式を公正な価格で買い取ることを請求できます（同法785条）。その場合の公正な価格については、まずは話し合いで、話し合いで決まらなければ裁判所に申し立てて決定してもらうことになります（同法786条）。

吸収される会社の債権者は吸収合併について異議を述べることができるとされているので、吸収合併する旨と1ヵ月以上の期間を定めて、その期間内に異議を述べることができる旨等を官報に公告するとともに、分かっている債権者には通知します。

定めた期間内に異議を述べなかった債権者は合併を承認したものとみなされます。他方、異議を述べた債権者に対しては、吸収合併により、その債権者を害するおそれがある場合には、債務を弁済するなどしなければなりません（同法789条）。

吸収合併の手順

1 吸収する会社との間で合併契約を締結して、合併契約書を取り交す

↓

2 合併契約に関する資料を株主総会の2週間前の日から合併契約で定めた吸収合併の効力発生日までの間、会社の本店に備え置く

↓

3 効力発生日の前日までに株主総会で吸収合併契約についての承認決議をする

↓

4 吸収合併する旨と1ヵ月以上の期間を定めてその期間内に異議を述べることができる旨等を官報に公告するとともに分かっている債権者には通知

↓

5 吸収合併による解散の登記

↓

6 合併の対価として現金で支払を受ける

そして最後に、吸収合併による解散の登記をします。

合併の対価としては、従前は原則として、吸収する会社の株式を交付することになっていましたが、株式交換の場合と同様に、２００７年5月1日からは、その対価を吸収する会社の株式ではなく、金銭で支払うことができるようになりました。

会社をたたむために、吸収合併を使う場合には、通常は合併の対価は現金で支払いを受けることになるでしょう。

4

吸収合併してくれる会社を探す

吸収合併の方法を使うにあたっても、最も問題となるのは吸収合併してくれる会社を見つけることです。

まずは、経営している会社の事業内容のほとんどが特定の会社の下請け業務で占められているような場合には、その特定の会社に話をもちかけることになるでしょう。

それ以外は、会社の売却の場合と同様に、地元の商工会議所、取引銀行などが設けている中小企業のM&Aについての相談窓口や、中小企業のM&Aを仲介している業者（M&Aアドバイザーと呼ばれている）などを利用することになります。仲介業者を利用すれば、手数料（報酬）がかかります。

5

吸収合併による方法が可能な場合

一つは、これまで何度も述べてきたように、経営している会社の事業内容のほとんどが特定の会社の下請け業務で占められているような場合で、その特定の会社が吸収合併に応じてくれる場合です。

あとは、会社の売却の場合と同じように、第三者が対価を支払ってでも吸収合併するだけの価値が会社に認められる場合です。

会社の事業に収益力がある場合、会社の財産関係がしっかりとしている場合には、吸収合併してくれる会社が見つかりやすいと考えられます。

6

吸収合併に伴う問題

既に述べたように、吸収合併の手続きは合併契約に始まって、解散の登記が終わるまで、法律的な要素を多く含むことから、弁護士に依頼をすべきです。

また、合併対価を決定の問題や税務処理の問題も発生するので、公認会計士や税理士への依頼も必要でしょう。

また、吸収合併によって吸収される会社の権利義務関係（債権債務関係も含めて）は、吸収する会社に承継され、吸収される会社は消滅するので、会社経営者は合併対価を得て会社関係から離脱します。

この場合にも、吸収合併の成立をもって実質的には会社をたたんだことになるのですが、会社経営者が代表者として通常している連帯保証の問題があります。

すなわち、吸収合併が成立したからといって、会社経営者がしている会社債務の連帯保証人としての責任が自動的になくなるわけではありません。

何もしなければ、吸収合併で会社は消滅したのに、会社の借入についての連帯保証人としての責任だけは負い続けるということになってしまいます。

そこで、この場合にも、吸収合併をするにあたっては、事前に連帯保証人から外してもらうよう手続きをしておかなければなりません。

具体的には、金融機関との間の連帯保証契約を解除してもらうことになりますが、あらかじめ吸収する会社とも協議した上で金融機関に事情を話し、吸収する会社の側で新たな連帯保証人をつけるか、あるいは担保を提供してもらうことを条件に、従来の連帯保証契約を解除してもらうなどしておく必要があります。

7

合併に伴う税務処理のポイント

会社の合併には税制上、適格合併と非適格合併があります。

税制適格合併とは、簡単に言うと企業グループ内での組織再編や共同事業を行う上での組織再編を言い、一定の適用要件が必要とされます。また合併法人からは原則株式等以外の資産の交付は受けられないので、会社をたたむ際に現金が必要な合併には不向きであり、ここでの説明は省略します。

通常の合併（税制上の非適格合併）をする上での税務上の問題は、被合併会社の資産負債を時価で合併会社が引き継ぐことになり、その際の時価の査定とその移転に伴う譲渡損益が発生することです。

また、被合併会社の株主については株式を売って金銭を受け取るという行為にあたるので、株式の譲渡損益とみなし配当という課税が生じることになります。

ただ通常、会社をたたもうかと思っているような状況での合併であれば、合併会社から交付される金銭等が、みなし配当が発生するまでの金額に達することはまれであろう考えられます。

手続き的には合併は、事業譲渡や会社の廃業とは違って清算手続きをせずに消滅します。つまり合併の日をもって会社は消滅し、被合併会社にとっては事業年度開始の日から合併の日の前日までが最終の事業年度となり、税務上の取り扱いは通常の事業年度と同じ処理となり、最

後の事業年度において合併に伴う譲渡損益を計上することとなります。

消費税については、合併のような資産負債の移転は資産の譲渡等には該当しないものとされているため考える必要はありません。

8

合併のモデルケース

本章でも、前章で述べた大学時代の同級生X、Y、Zの3名が起業したベンチャー企業であるG株式会社（医療用コンピューターシステムの販売会社）について具体的に見ていきます。

設立から3年目を迎えて、G株式会社の代表取締役Xは会社経営に行き詰まりを感じ、会社をたたんで研究者の道に進みたいと考えるようになり、知り合いの弁護士に相談をしました。

弁護士は、現時点で事業自体には収益力があるので、会社を売却できる可能性があると考え、これをXに提案しました。Xもできるものなら、これまで一緒に会社を支えてきてくれた従業員らの生活を守りたいと考えていたので、まずは会社の売却を試みてみることにしました。

そして、弁護士は知り合いの公認会計士にG株式会社の株式の評価を依頼しました。

公認会計士の話では、3億円の借り入れがあるものの、年2％の固定金利という非常に低金利の借入であること、収益力も、現在のように売上が低いのは、単に営業力が極めて低いからであって、通常の営業力さえあれば最低でも現在の倍の売上をあげることは容易であると考え

られ、売上が倍になれば、3億円の借入は、3年以内に完済できてしまうこと等から、低く見積もっても、G株式会社の発行済み株式の評価は総額で3千万円を下らないというものでした。

弁護士は、この公認会計士の話を受けて、Xだけでなく、YとXも一緒に呼んで、確認をしました。弁護士が確認したところ、X、Y、Zは全員、会社を売却することに同意しており、売却代金までは望んでいませんでした。ただ、全員ができることなら従業員の雇用をそのまま維持してもらいたいと考えていました。

弁護士は、Xらに対し、周囲に買い取ってくれそうな者や会社がいないか探すよう求めましたが、適当な売却先を見つけることはできませんでした。また、Xらは地元の商工会議所、取引銀行などが設けている中小企業のM＆Aについての相談窓口なども利用してみましたが、芳しい結果を得られませんでした。そこで、弁護士が手配して、複数のM＆Aアドバイザーに声をかけてみましたが、それでも売却先はなかなか見つかりませんでした。

そうしたところ、大手のコンピューターシステム開発会社を経営するXらの大学の大先輩Mが救いの手を差し伸べてくれました。その会社には、まだ医療用システムの部門はないので、吸収合併の形であれば、従業員の雇用関係も含めてG株式会社を引き取ってもよいと言ってきてくれました。

そこで、弁護士は、Mと交渉し、合併の対価として、Mの経営する会社の株式ではなく、金銭で支払うようにしてもらうことで合意しました。合併対価は公認会計士が評価した3千万円で話がつきました。

モデルケース

G株式会社（医療用コンピューターシステム開発販売業）	
本店等	賃貸物件
株　主	X、Y、Z
	役　員：X（代表取締役）　Y（取締役）　Z（取締役）
従業員	50名
取引先	医療法人や開業医
資　産	レセプト（診療報酬明細書）作成用システム及び電子カルテ作成用システムシステムのリース料やメンテナンス料は、月に平均すると1件5万円で、250件
借　入	銀行から3億円、年2パーセントの金利

●会社のたたみ方

1. YとZの2名にも会社が吸収合併されても良いのか意向を確認
2. 公認会計士に、G株式会社の株式の評価を依頼
G株式会社の発行済み株式の評価は総額で3千万円を下らない
3. 吸収先を探す（Xらが、周囲にいる関係者や友人、知人などに声をかけるなどするほか、地元の商工会議所、取引銀行などが設けている中小企業のM＆Aについての相談窓口なども利用してみる）
4. 弁護士の提案で、中小企業のM＆Aを仲介している業者（M＆Aアドバイザー）の利用
5. 吸収先の決定
6. 吸収する会社との間で合併契約を締結して、合併契約書を取り交す
7. 合併契約に関する資料を株主総会の2週間前の日から合併契約で定めた吸収合併の効力発生日までの間、会社の本店に備え置く
8. 効力発生日の前日までに株主総会で吸収合併契約についての承認決議をする
9. 吸収合併する旨と1ヵ月以上の期間を定めてその期間内に異議を述べることができる旨等を官報に公告するとともに分かっている債権者には通知
10. 吸収合併による解散の登記
11. 合併の対価として現金で支払を受ける

弁護士は、Mの経営する会社との間で合併契約を締結して、合併契約書を取り交し、そこに原則として従業員の雇用関係を維持する旨の条項も盛り込みました。

株主であるX、Y、Z全員が、あらかじめこの合併を承諾していたので、株主総会を開催し、合併契約に関する資料をその2週間前から、会社の本店に備え置き、効力発生日の前日までに株主総会で吸収合併契約についての承認決議（特別決議）をしました。

そして、吸収合併する旨と1ヵ月の期間を定めて、その期間内に異議を述べることができる旨等を官報に公告するとともに、分かっている債権者には通知もしました。

弁護士があらかじめ、銀行も含め主立った債権者には事情を説明していたこともあって、この1ヵ月の期間内に債権者から異議は出ませんでした。

そこで、最後に、G株式会社の吸収合併による解散の登記をして、吸収合併の手続きは終了しました。

対価についても現金で支払われました。Xらは1人あたり、1千万円の合併対価を得て、そこから、弁護士や公認会計士への費用を支払いました。

G株式会社の3億円の借入は、大学発ベンチャー企業の起業支援として設けられた特別枠の融資であったことから、Xらは個人保証を求められていませんでしたので、Xら個人の連帯保証契約の解除などの処理をする必要はありませんでした。

このようにして、G会社は吸収合併され、Xらは会社関係から離脱して、実質的に会社をたたむことができました。

第9章

会社を事業譲渡する場合

事業譲渡とは

事業譲渡とは、会社そのもの（発行済み全株式）ではなく、会社が営んでいる事業のみを第三者に譲り渡す（売却する）ことです。

会社法が施行される以前の商法では、営業譲渡と呼ばれていました。

この「営業譲渡」の意味については、最高裁判所が次のように規定しています。

「一定の営業目的のため組織化され、有機的一体として機能する財産（得意先関係等を含む）の全部または重要な一部を譲渡し、これによって譲渡会社がその財産によって営んでいた営業的活動の全部または重要な一部を譲受人に受け継がせ、譲渡会社がその譲渡の程度に応じて法律上当然に本条に定める競業避止義務を負う結果を伴うものを言う」

ざっと読んでも、何のことだかよく分からないだろうと思います。

誤解をおそれずに、簡単に言えば、会社を器とすれば、事業（営業）はその中身である利益を上げるためのしくみです。

紳士服の販売会社を例に考えてみると、ここで売却対象となる「事業」は、単なる販売店舗の土地、建物やその中にある商品などの資産のみではありません。これらを買い取ったとしても、それらだけで商品が継続的に売れて、売上があがり利益を得られるというわけではないからです。商品を継続的に販売して売上をあげて利益を得るためには、それらに加えて、従業員

やその販売会社の仕入ルート、販売マニュアル、反復して購入をしてくれている顧客会員組織などが必要です。

このように売上をあげて利益を得るために必要なものも含みます。買い取った者が、すぐにでも営業活動ができるような、資産も含めた売上をあげて利益を生み出すシステムそのものが「事業」と言えます。

この「事業」を第三者に売却するのが事業譲渡です。既に説明した「会社の売却」のように、会社そのものを売ってしまうわけではないので、事業譲渡後も、会社そのものは会社経営者のもとに残ります。

2

事業譲渡を利用する場面

会社の経営が何らかの事情で立ちゆかなくなり、たたむことになった場合、通常は深刻な債務超過（会社の負債が資産を上回っている状況）に陥っていることが多いはずです。

そのような場合には、会社そのものを買い取ってくれる者や、吸収してくれる会社はまずないでしょう。つまり会社の売却や吸収合併を使うことはできません。

しかし、このような場合であっても、会社の営んでいる「事業」そのものに価値が認められる場合には、会社そのものとは切り離して、「事業」のみを売却することが可能かもしれません。

たとえば、会社が単一ではなく、いくつかの事業を営んでおり、その中に一つだけ採算の取れている事業がある場合、この事業だけを売却できる可能性があります。また、単一の事業しか営んでおらず、しかも採算が取れていない場合でも、他の会社がその事業を譲り受ければ、その会社では、所有する他の事業と連携させて採算が取れるようになる場合もあります。

このように事業自体に価値がある場合には、これを相当な対価で第三者に売却し、その売却代金を残った会社の任意整理のための費用の全部、または一部に充てたり、自己破産手続きの費用の全部、または一部に充てるなどして会社をたたむことが考えられます。

また、事業そのものには、対価を支払うほどの価値がなくても、事業譲渡をすることで、それまでの従業員の雇用関係を、譲り受けた会社（あるいは者）に、維持してもらうことを目的とする場合も考えられます。

会社経営者が、会社はたたまざるを得ないが、それまで会社を支えてきてくれた従業員の生活は守りたいと考える場合に、会社が任意整理や自己破産をするのに先立って、事業譲渡を行うことが考えられます。すなわち、既に説明したように「事業」には、利益を生み出すシステムの要素として従業員を含むことが多いと考えられます。

そこで、事業譲渡の際の交渉によって、従業員との雇用関係を譲り受けた会社（あるいは者）に維持してもらうことで、会社経営者は従業員の生活を守ることが可能になります。

この場合には、事業を売却する会社はほとんど対価を得ることはできないでしょう。また、事業を買い取る会社（あるいは者）も、支援、救済といった色彩が強くなります。

3

売却先を探す

事業を売却するにあたって最も問題となるのは売却先を見つけることです。

会社の売却の場合と同様に、まずは周囲にいる関係者や友人、知人などに声をかけるなどして、経営者自らが探してみることが考えられます。特に従業員の生活を守る目的で行う場合には、会社の古くからの取引先など、会社ないしは、その経営者と強固な人的なつながりがあるような場合でなければ買主にはなってくれないでしょう。

事業に価値が認められる場合には、地元の商工会議所、取引銀行などが設けている中小企業のM＆Aについての相談窓口や、中小企業のM＆Aを仲介している業者（M＆Aアドバイザーと呼ばれている）などを利用することが考えられます。

仲介業者を利用すれば、当然に手数料がかかります。これがあまりにも高額だと、そもそも事業を売却する意味がなくなってしまうおそれがありますので、その点の検討も必要です。

4

事業譲渡の手順

事業の売却先が見つかった場合、まずは売却する事業の価格を決めなければなりません。その際に、通常は「事業の評価」という作業をします。この評価は、事業の収益状況や資産、取引先などを総合的に考慮して行うことになりますが、実際には、公認会計士や税理士に依頼して行うこととなります。

このように、まずは、公認会計士や税理士に依頼して、事業を評価してもらい、この評価を基準として、売主と買主の間で具体的な価格を決めていくことになります。

▽事業譲渡の方法

まずは、事業の売却先との間で事業譲渡契約を締結します。

事業の売買契約なので、売却する対象の事業を特定することが必要です。

たとえば、「X会社の紳士服販売に関する全ての事業」という程度は特定をしておく必要があるでしょう。それとともに、通常は、事業譲渡に伴って売却することになる資産についても明細を作ります。明細にどの程度まで記載するのかは、ケースによりますが、不動産や商品などの有形の資産については、できる限り記載をすべきでしょう。

また、従業員の雇用関係を承継するか否かなどについても記載をします。

事業譲渡の方法

1. 事業の売却先との間で、事業譲渡契約を締結
2. 取締役会設置会社では、取締役会の決議
3. 株主総会の特別決議
4. 事業譲渡をする旨を効力発生日の20日前までに、株主に対して、通知
5. 資産などの移転手続と対価の受領

契約書の作成にあたっては、後々のトラブルを極力避けるためにも、弁護士に依頼をするのが望ましいと思います。

そして、取締役会を設置している会社では、通常は「重要な財産の処分」（会社法362条4項1号）にあたるので、取締役会の決議（取締役の過半数が出席し、その過半数の賛成）が必要です。

さらに、通常、「事業の全部の譲渡」あるいは「事業の重要な一部の譲渡」（同法467条1項1号2号）にあたるので、株主総会の特別決議（総議決権の過半数を有する株主が出席し、かつ、出席した株主の議決権の3分の2以上の賛成）が必要です（同法309条2項11号）。この株主総会の特別決議において反対をした株主は、会社に対して、自己の有する株式を公正な価格で買い取るよう請求することが認められています。

なお、会社は事業譲渡をする旨を効力発生日の20日前までに株主に対して通知しなければなりません。このように必要な決議を経た後、実際に資産などの移転手続きを行います。この場合には、個別の資産について移転手続き（例えば、不動産であれば移転登記）が必要です。

5

事業譲渡に伴う問題

まず、事業を売却した会社は、原則として、同一の市町村の区域内およびこれに隣接する市町村の区域内において、事業を売却した日から20年間は売却した事業と同一の事業を行うことが禁止されます（これを競業避止義務と言います。商法16条）。ただし、ここでは、会社をたたむことを前提にしているので、この競業避止義務が問題となることはないでしょう。

また、事業を売却した会社が、その後、自己破産をする場合に売却した事業に相応した代金を受領していないと、売却した会社の債権者から偽装倒産であるなどといった異議が出され、最悪の場合には、破産管財人によって、その事業譲渡（事業の売却）そのものが債権者の利益を不当に害するものであるとして取り消されてしまうおそれがあります。これを「否認」と言います。

したがって、事業を売却後に会社の自己破産申立をする場合には、必ず公認会計士や税理士に売却した事業の評価をしてもらい、その評価書類等を作成しておくべきです。

6 事業譲渡に伴う税務処理のポイント

会社の事業譲渡における税務処理のポイントは譲渡金額の算定とその譲渡益になります。「会社の売却」と違って株式を売却するわけではありませんが、会社をたたむ上での事業譲渡となると会社のほぼ全ての資産を売却することなので、その会社の売却同様に資産査定に重きを置くこととなります。

この場合も譲渡金額は「時価」であり土地等の不動産であれば通常の売買金額となります。ただ一般的な売買金額がなく、換金性のない資産（試験研究費等の繰延資産や前払費用）となると売却先との折衝での合理的な金額が「時価」となります。

この場合も「会社の売却」と同じように譲渡される事業の目に見えない収益性や営業権を把握して少しでも高く売れるように事業査定をすることが重要です。

また、この譲渡により売却益が発生するような場合には、納税資金の確保を含めた資金繰りと課税所得を圧縮するための税金計画を組む必要があります。

消費税については、事業譲渡の場合、消費税負担が多額になる可能性が高く、後述しますが、消費税の簡易課税の選択や免税事業者になってからの事業譲渡をプランに組み込む必要があります。

7

事業譲渡のモデルケース

本章と次章では、次のH株式会社について具体的に見ていきます。

H株式会社は、コンピューターソフトの開発販売会社です。第7章、8章のG株式会社と同じく、大学時代の同級生が起業したベンチャー企業と呼ばれる会社です。大学時代に同じ研究室にいた同級生のX、Y、Zが大学発のベンチャー企業として設立し、Xが代表取締役、Y、Zがそれぞれ取締役となっています。

設立当初は、コンピューターのシステムエンジニア40名を含む50名の従業員で、医療用コンピューターシステムに特化して、レセプト（診療報酬明細書）作成用システムおよび電子カルテ作成用システムの開発、販売を手がけることにしました。そして、大学の協力もあり、銀行から起業時の開業、開発資金として3億円を年2％という非常に低い金利で借り入れることができました。

会社設立後、約2年で各システムの開発に成功し、400の医療法人や開業医が、これらのシステムを導入してくれたので、2年目から月に2千万円の売上が入ってくるようになりました。この売上が、その後も安定して継続したことから、人件費、設備費等の経費が毎月1千200万円ほどかかりましたが、設立時に借り入れた3億円は、それから約4年で完済することができました。

この設立時の借入を完済したことで、新たな融資を受けることが可能となりました。

もともと医療用コンピューターシステムの市場が限られた規模であったことに加え、H株式会社の営業力が弱いこともあって、売上は4年前から全く伸びていませんでした。

そこで、H株式会社は、売上を伸ばすために、ゲームソフトの開発、販売にも進出することに決めました。

それまでの事業部門を医療用システム開発販売事業部門として、これとは別に、新たにゲームソフト開発販売事業部を立ち上げました。

この新事業部門の立ち上げに伴って、新たにシステムエンジニア40名を含む50名の従業員を雇い入れ、これまでと同規模の設備を賃貸し、そのための費用として、新たに3億円を銀行から借り入れました。前回の実績もあり、金利は年2％のまま据え置きになりましたが、今回は、X、Y、Z全員が連帯保証をすることになりました。

その後、5年半が経過しましたが、その間にH株式会社が発売したゲームソフトはほとんど売れず、借り入れた3億円の元本も返済できないままでした。さらに、このままでは、毎年5千万円以上の赤字が出てしまう事態に陥りました。

そこで、Xは会社経営に行き詰まり、会社をたたもうと考えるようになり、知り合いの弁護士に相談をしました。

まず、弁護士は、知り合いの公認会計士に依頼して、H株式会社の財務内容を調査してもらいました。

モデルケース

H株式会社（コンピューターソフトの開発販売業）

本店等	賃貸物件
株　主	X、Y、Z
	役　員：X（代表取締役） Y（取締役） Z（取締役）
従業員	１００名
取引先	医療法人や開業医
資　産	レセプト（診療報酬明細書）作成用システム及び電子カルテ作成用システムシステムのリース料やメンテナンス料は、月に平均すると1件5万円で、４００件
借　入	銀行から3億円、年2パーセントの金利

●会社のたたみ方

1. ＹとＺの２名にも医療用システム開発販売事業を切り離して譲渡し、その対価で、ゲームソフト開発販売事業部門だけが残った会社を任意整理して良いのか意向を確認
2. 公認会計士に、医療用システム開発販売事業の評価を依頼＝２億４千万円～３億６千万円が相当との評価
3. 事業の譲渡先を探す（Ｘらが、周囲にいる関係者や友人、知人などに声をかけるなどするほか、地元の商工会議所、取引銀行などが設けている中小企業のＭ＆Ａについての相談窓口なども利用してみる）
4. 譲渡先候補との交渉
5. 事業譲渡契約を締結し、事業譲渡契約書を作成
6. 取締役会を設置していたので、取締役会を開いて、医療用システム開発販売事業の譲渡を決議
7. 株主総会を開催し、医療用システム開発販売事業の譲渡を決議
8. 医療用システム開発販売事業を譲渡し、３億４千万円の譲渡対価を受領
9. 譲渡対価から、銀行に対して借入金の３億円を返済
10. ゲームソフト開発販売事業部門の 50 名の従業員は、１ヵ月前に解雇通知を行っておいた上で、解雇し、廃業までに２ヵ月分の給与として、合計２千万円を支払
11. ゲームソフト開発販売事業部門の設備等処分、明渡費用として１千万円支払
12. 解散登記と清算手続き

そうしたところ、Xが話した通り、既に3億円の借入を使い果たし、今後は毎月の売上2千万円に対して、経費が金利も含めて毎月2千450万円かかるため、売上が増えない限りは、年間5千400万円の赤字が出る上、3億円の借入についても全く元本の返済が進まないことが判明しました。

ただ、医療用システム開発販売事業部門については、システムはいずれも、その使い易さや品質の高さを認められており、導入した医療法人や開業医のほとんどからも好評で、このまま継続しても、安定して年間2億4千万円の売上が見込まれ、同部門の経費は年間1億2千万円なので、ゲームソフト開発販売事業部門さえ切り離せば、十分採算が取れて利益が出るということでした。

そこで、弁護士は、H株式会社の医療用システム開発販売事業を切り離して譲渡し、その対価でゲームソフト開発販売事業部門だけになった会社を任意整理することを提案しました。

また弁護士は、H株式会社の株主はX、Y、Zの3名であることから、Xに対して、Y、Z両名の意向も確認するように指示しました。

Xは、Y、Zと話し合い、この提案を受け容れることを確認しました。

弁護士は、再度、知り合いの公認会計士に依頼して、H株式会社の医療用システム開発販売事業の価格を決めるために、その評価をしてもらいました。

その結果、向こう2～3年間は現在の利益を維持することが可能と考えられることから、2億4千万円～3億6千万円が相当という評価が出ました。そして、弁護士は、事業の譲渡先

を探し始めました。

弁護士からの指示で、Xらが、周囲の関係者や友人、知人などに声をかけるなどした結果、H株式会社が設立以来付き合いのあった医療事務機器メーカのN社が名乗り出てくれました。N社は医療事務機器の中堅メーカーで、以前から医療用のコンピュータシステムも扱いたいと考えており、近々、医療用コンピュータシステム開発、販売事業にも進出しようとしていたところでした。

そこで、弁護士がN社と交渉したところ、H株式会社の医療用システム開発販売事業を同事業の継続に必要な設備、従業員の雇用関係の承継も含めて、3億4千万円でN社が譲り受けるということで合意が成立しました。

早速、事業譲渡契約書が作成され、H株式会社はN社との間で、事業譲渡契約を締結しました。

そして、H株式会社は取締役会を設置していたので、X、Y、Zの取締役全員が出席して取締役会が開かれ、全員一致でN社への医療用システム開発販売事業の譲渡が決議されました。

同時に、全株主にあたるX、Y、Zが出席して株主総会を開催し、同様に全会一致で、N社への医療用システム開発販売事業の譲渡が決議されました。

このようにして、H株式会社の医療用システム開発販売事業は、N社に譲渡され、H株式会社は3億4千万円の譲渡対価を受領しました。

それから、H株式会社は2ヵ月をかけて、任意整理を行いました。

まず、譲渡対価から、銀行に対して借入金の3億円を返済しました。

ゲームソフト開発販売事業部門の50名の従業員は、1ヵ月前に解雇通知を行っておいた上で解雇しました。従業員に対しては、廃業までに2ヵ月分の給与として、合計2千万円を支払いました。

また、ゲームソフト開発販売事業部門の設備等を処分したり、明け渡す費用として1千万円がかかりました。残りのお金は、それまでの公認会計士や弁護士の費用に充てられました。

このようにして、H株式会社は、医療用システム開発販売事業を譲渡した代金で任意整理を行い、その結果、清算すべき債権債務もなくなったので解散登記をすると、ほぼ同時に清算手続きも結了し、無事に会社をたたむことができました。

また、銀行からの借入も完済したので、X、Y、Zも連帯保証人としての責任を負うこともありませんでした。

第10章

会社分割をする場合

1

会社分割とは

会社分割とは、一つの会社を二つ以上の会社に分割することです。会社のある事業部門を別の会社として分け、これを別の会社に譲り渡す（売却する）ために利用されます。譲り渡す（売却する）会社を「**分割会社**」、譲り受ける（買い受ける）会社を「**承継会社**」と呼びます。

この「承継会社」が、既に存在する会社である場合を「吸収分割」と言い、新しく設立する会社である場合を「新設分割」と言います。

会社をたたむ際に利用するのは通常は吸収分割です。

2

会社分割を利用する場面

事業譲渡の場合と同様に、会社がいくつかの事業を営んでおり、その中に一部門だけ採算の取れている事業がある場合や、他の会社がその事業部門を譲り受け、その会社の他事業と連携させれば採算がとれるようになる場合などに、該当する事業部門だけを**分割**して承継会社に売却できる可能性があります。

そして、その売却代金を分割後に残った会社の任意整理のための費用の全部、また一部に充てたり、自己破産手続きの費用の全部、または一部に充てるなどして、会社をたたむことが考えられます。

また、事業譲渡の場合と同様に、吸収分割をすることで、従業員の雇用関係を承継会社に維持してもらうことを目的とする場合も考えられます。

事業譲渡は、相手方（売却先）が会社ではなくても（個人事業者でも）構いませんが、会社分割は、相手方（承継会社）が会社でなければなりません。

通常は、手続きの簡単な事業譲渡の方法を使うことが多いと思われます。

しかし、その事業が許認可を要する事業である場合には、事業譲渡では新たに許認可を取得する必要がありますが、会社分割（吸収分割）を利用すれば、そのまま許認可を承継できる場合があります（ただし、一定の要件を満たすことが必要な場合もあります）。

たとえば、風営法7の3第1項は、一般の風俗営業の許可につき、「風俗営業者たる法人が分割により風俗営業を承継させる場合において、あらかじめ当該分割について国家公安委員会規則で定めるところにより公安委員会の承認を受けたときは、分割により当該風俗営業を承継した法人は、当該風俗営業についての風俗営業者の地位を承継する」として、会社分割による許可の承継を認めています。

このように、事業譲渡よりも会社分割を利用した方がメリットのある場合があります。

3

承継会社を探す

吸収分割をするにあたっても、最も問題となるのは承継会社を見つけることです。

この場合も、まずは、経営者自らが探し、あとは地元の商工会議所、取引銀行などが設けている中小企業のM&Aについての相談窓口や、中小企業のM&Aを仲介している業者（M&Aアドバイザーと呼ばれている）などを利用することが考えられます。

承継会社が見つかれば、次は、吸収分割の対価を決めなければなりません。この際にも、分割する事業部門の評価という作業が必要となり、実際には公認会計士や税理士に依頼して行うこととなります。

4

会社分割の手順

ここでは、分割会社側（売却する側）の手続きを説明します。

まずは、承継会社との間で吸収分割契約を締結して吸収分割契約書を取り交わします。

承継会社が株式会社か持分会社かによって契約で定める事項が法律で規定されています（商法758条、760条）。承継会社が株式会社の場合には、分割会社、承継会社それぞれの商号、住所のほか、承継会社が承継する資産、債務、雇用契約、その他の権利義務などに関する事項や吸収分割の効力発生日等を定めることとされています。

次に、吸収分割契約に関する資料を株主総会の2週間前の日から吸収分割契約で定めた吸収分割の効力発生日までの間、会社の本店に備え置きます（会社法782条）。

そして、効力発生日の前日までに株主総会で吸収分割契約についての承認決議（特別決議が必要です）をします（同法783条）。

その際に、吸収分割に反対する株主は、有している株式を公正な価格で買い取ることを請求できます（同法785条）。その場合の公正な価格については、話し合いで決まらなければ裁判所に申し立てて決定してもらうことになります（同法786条）。

吸収分割後、分割会社に対して債務の履行を請求することができない債権者は、吸収分割について異議を述べることができるとされているので、吸収分割する旨と1ヵ月以上の期間を定

吸収分割の手順

1 承継会社との間で吸収分割契約を締結して、吸収分割契約書を取り交わす

↓

2 吸収分割契約に関する資料を株主総会の２週間前の日から合併契約で定めた吸収合併の効力発生日までの間、会社の本店に備え置く

↓

3 効力発生日の前日までに株主総会で吸収分割契約についての承認決議

↓

4 吸収分割する旨と１ヵ月以上の期間を定めてその期間内に異議を述べることができる旨等を官報に公告するとともに分かっている債権者には通知

↓

5 吸収分割による変更の登記

↓

6 分割の対価につき、現金で支払いを受ける

めて、その期間内に異議を述べることができる旨等を官報に公告し、分かっている債権者には通知します。

定めた期間内に異議を述べなかった債権者は分割を承認したものとみなされます。他方、異議を述べた債権者に対しては、吸収分割によりその債権者を害するおそれがある場合には、債務を弁済するなどしなければなりません（同法789条）。

そして最後に、吸収分割による変更の登記をします。

分割の対価としては、従前は原則として、承継会社の株式を交付することになっていましたが、株式交換や吸収合併の場合と同様に、2007年5月1日からは、その対価を承継会社の株式ではなく、金銭で支払うことができるようになりました。

会社をたたむために、吸収分割を使う場合には、通常は分割の対価は現金で支払いを受けることになるでしょう。

5 吸収分割に伴う問題

この場合にも、事業譲渡の場合と同様に、分割会社が、その後、自己破産をする場合、吸収分割に相応した代金を受領していないと、分割会社の債権者から偽装倒産であるなどの異議が出され、最悪の場合には、破産管財人によって、その吸収分割そのものが債権者の利益を不当に害するものであるとして取り消されてしまうおそれがあります。これを「否認」と言います。

したがって、吸収分割後に分割会社の自己破産申立をする場合には、必ず公認会計士や税理士に分割した事業部門の評価をしてもらい、その評価書類等を作成しておくべきです。

6 合併とほぼ同じ、会社分割の税務処理

会社分割と会社の合併は述べてきたように、法律上やその目的は違ってきますが、税務処理上の問題点は、ほぼ同じと思ってもらってよいでしょう。

つまり会社の事業移転が全部か一部かの違いであり、資産の査定や株主へのみなし配当、株式の譲渡損益の問題も同じように出てきます。

第８章の「会社を合併する場合」で述べましたが、会社分割にも税制上、適格分割と非適格

分割があります。税制適格分割も会社合併で述べたように一定の適格要件が必要とされ、税制適格分割でも分割の対価としては株式のみが交付されることになります。

現金が必要とされる会社をたたむのを見据えた会社の分割には不向きなので、ここでの説明は省略します。

7

会社分割のモデルケース

ここでは前章で述べた大学時代の同級生X、Y、Zが起業したベンチャー企業で業績拡大に失敗したH株式会社（コンピューターソフトの開発販売会社）について具体的に見ていきます。

H株式会社は、医療用コンピュータシステム開発販売事業に成功し、設立から6年で設立当初の銀行借入を完済し、その後、ゲームソフトの開発販売事業にも進出しました。

ところが、それから5年半の間に発売したゲームソフトがほとんど売れず、新たに借り入れた3億円の元本も返済できないまま、このままでは、毎年5千万円以上の赤字が出てしまう事態に陥りました。

そこで、Xは会社経営に行き詰まり、会社をたたもうと考えるようになり、知り合いの弁護士に相談をしました。

まず、弁護士が、知り合いの公認会計士に依頼して、H株式会社の財務内容を調査してもらったところ、既に3億円の借入は使い果たし、今後は毎月の売上2千万円に対して、経費が金利も含めて毎月2千450万円かかるため、売上が増えない限りは、年間5千400万円の赤字が出る上、3億円の借入についても全く元本の返済が進まないことが判明しました。

ただ、医療用システム開発販売事業部門については、システムはいずれも、その使い易さや品質の高さを認められており、導入した医療法人や開業医のほとんどからも好評で、このまま継続しても、安定して年間2億4千万円の売上が見込まれます。同部門の経費は年間1億2千万円なので、ゲームソフト開発販売事業部門さえ切り離せば、十分採算が取れて利益が出るということでした。

そこで、弁護士は、Xに対して、H株式会社の医療用システム開発販売事業を切り離して譲渡し、その対価で、ゲームソフト開発販売事業部門だけが残った会社を任意整理することを提案しました。H株式会社の全株主にあたる、X、Y、Zの3名の全員が話し合い、この提案を受け容れることにしました。

そこで、弁護士は、再度、知り合いの公認会計士に依頼して、H株式会社の医療用システム開発販売事業の価格を決めるために、その評価をしてもらいました。

その結果、向こう2～3年間は現在の利益を維持することが可能と考えられることから、2億4千万円～3億6千万円が相当という評価が出ました。

そして、事業の譲渡先探しを始めることとなり、弁護士の指示でXらが、周囲の関係者や友

人、知人などに声をかけるなどしましたが、適当な譲渡先は見つかりませんでした。

また、Xらは地元の商工会議所、取引銀行などが設けている中小企業のM&Aについての相談窓口なども利用してみましたが、芳しい結果を得られませんでした。

そこで、弁護士が手配して、複数のM&Aアドバイザーに声をかけたところ、1件だけ譲り受けてもよいという会社が現れました。

その会社は、中堅の一般事務用コンピューターシステム開発会社であるP社で、これから医療用システムへの進出を考えている会社でした。ただ、既にP社は一般事務システムの会社として名前が知れ渡っており、特殊分野である医療用のコンピュータシステムの開発販売事業部門についてはP社とは別名の会社で所有したいので、吸収分割の形で取引したいと申し入れてきました。

Xらは、この申し入れを受けることにしました。

弁護士が、P社と交渉したところ、吸収分割の対価をP社の株式ではなく、金銭で支払うとの条件であれば、P社としては2億8千万円が限界だということでした。

この対価では、その後のH株式会社の任意整理は不可能であったので、弁護士は、Xらに対して、吸収分割後は、H株式会社は自己破産申立をすることになると説明しました。

Xらは、やむを得ないと考え、そのまま吸収分割、自己破産申立と手続きを進めてもらうよう依頼しました。

そこで、弁護士は、P会社との間で吸収分割契約を締結して、吸収分割契約書を取り交わし

モデルケース

H株式会社（コンピューターソフトの開発販売業）

本店等	賃貸物件
株　主	X、Y、Z 役員：X（代表取締役）　Y（取締役）　Z（取締役）
従業員	１００名
取引先	医療法人や開業医
資　産	レセプト（診療報酬明細書）作成用システム及び電子カルテ作成用システムシステムのリース料やメンテナンス料は、月に平均すると１件５万円で、４００件
借　入	銀行から３億円、年２パーセントの金利（X、Y、Z が連帯保証）

●会社のたたみ方

1. ＹとＺの２名にも医療用システム開発販売事業を切り離して譲渡し、その対価で、ゲームソフト開発販売事業部門だけが残った会社を任意整理して良いのか意向を確認

▼

2. 公認会計士に、医療用システム開発販売事業の評価を依頼
＝２億４千万円～３億６千万円が相当との評価

▼

3. 事業の譲渡先を探す（Ｘらが、周囲にいる関係者や友人、知人などに声をかけるなどするほか、地元の商工会議所、取引銀行などが設けている中小企業のＭ＆Ａについての相談窓口なども利用してみる）

▼

4. 複数のＭ＆Ａアドバイザーに声をかけ、１社から、吸収分割の形で取引したいと申入あり

▼

5. 吸収分割契約を締結して、吸収分割契約書を取り交す

▼

6. 吸収分割契約に関する資料を株主総会の２週間前から、会社の本店に備え置く

7 効力発生日の前日までに株主総会で吸収分割契約についての承認決議

▼

8 吸収分割する旨と１ヵ月の期間を定めてその期間内に異議を述べることができる旨等を官報に公告するとともに、Ｈ株式会社に債務の履行を請求できなくなる医療用システム開発販売事業に関する債権者のうち、分かっている債権者には通知

▼

9 Ｈ株式会社の吸収分割による変更の登記

▼

10 吸収分割の対価について、２億８千万円を現金で受領

▼

11 ゲームソフト開発販売事業部門の 50 名の従業員を、１ヵ月前に解雇通知を行っておいた上で、解雇し、解雇までの２ヵ月分の給与として、合計２千万円を支払

▼

12 ゲームソフト開発販売事業部門の設備等の処分、明け渡し費用として、１千万円を支払

▼

13 Ｈ株式会社の自己破産申立

▼

14 吸収分割の対価の残金２億４千万円を破産管財人に引継ぎ

▼

15 第２回目の債権者集会で、破産管財人から配当が完了した旨の報告があり、破産手続きを終了する旨の決定（廃止決定）

▼

16 Ｈ株式会社は、破産手続きの終了をもって消滅し、Ｘ、Ｙ、Ｚ個人については、銀行に対して約６千万円の連帯債務が残った

▼

17 ＸとＹは、この連帯保証債務以外にもいくつか借入があったため、その後、自己破産申立をして、免責決定を得た

▼

18 Ｚは、銀行から連帯保証債務の譲渡を受けた債権回収会社（いわゆるサービサー）と交渉して、自宅を売却して得た８００万円の一括支払での和解が成立

ました。その中で、P会社がH株式会社の医療用システム開発販売事業とそれに必要な資産、従業員の雇用関係などを承継し、債務については医療用システム開発販売事業に関するものだけを承継するものとされました。

株主であるX、Y、Z全員が、あらかじめこの吸収分割を承諾していたので、株主総会を開催し、吸収分割契約に関する資料をその2週間前から、会社の本店に備え置き、効力発生日の前日までに株主総会で吸収分割契約についての承認決議（特別決議）をしました。

そして、吸収分割する旨と1ヵ月の期間を定めて、その期間内に異議を述べることができる旨等を官報に公告するとともに、H株式会社に債務の履行を請求できなくなる医療用システム開発販売事業に関する債権者のうち、分かっている債権者には通知もしました。弁護士があらかじめ、関係する債権者には事情を説明していたこともあって、この1ヵ月の期間内に債権者からの異議は出ませんでした。

そこで、最後に、H株式会社の吸収分割による変更の登記をして、吸収分割の手続きは終了しました。

対価についても、P社から2億8千万円が現金で支払われました。

その3ヵ月後、弁護士はH株式会社の自己破産申立をしました。

申立までの間に、ゲームソフト開発販売事業部門の50名の従業員を、その1ヵ月前に解雇予告通知を行っておいた上で解雇しました。従業員に対しては、解雇までの2ヵ月分の給与として、合計2千万円を支払いました。

また、ゲームソフト開発販売事業部門の設備等を処分したり、明け渡しの費用として1千万円がかかりました。さらに、公認会計士や弁護士の費用として1千万円がかかりました。

このようにして、申立時には、吸収分割の対価の残金は、2億4千万円になっており、この現金を破産管財人の弁護士に引き継ぎました。

破産手続きは、ほとんどの事務処理を申立代理人の弁護士が行っていたことから、約5ヵ月後の裁判所で開かれた第2回目の債権者集会で、破産管財人から配当が完了した旨の報告があり、破産手続きを終了する旨の決定（廃止決定）がなされました。

このようにして、H株式会社は、破産手続きの終了をもって消滅しました。

X、Y、Z個人については、銀行に対して約6千万円の連帯保証債務が残りました。

XとYは、この連帯保証債務以外にもいくつか借入があったため、その後、自己破産申立をして免責決定を得ました。

他方、Zは、この連帯保証債務以外には借入などはなく、また、破産するということ自体に心理的な抵抗があり、これといった財産もないので、今回は自己破産申立をしないことに決めました。

そして、Zは、その後、銀行から連帯保証債務の譲渡を受けた債権回収会社（いわゆるサービサー）と交渉をしました。

Zは、自宅を売却して住宅ローンを清算したところ、800万円の現金を得ることができたので、この800万円一括支払いでの和解を提案したところ、これ以上の回収は不可能だと判

断した債権回収会社が、この提案を受け入れて和解が成立しました。

このようにして、H株式会社は、医療用システム開発販売事業部門を吸収分割した代金で、自己破産申立とその準備に必要な費用を捻出して自己破産申立を行い、その結果、破産手続きによって消滅し、無事に会社をたたむことができました。

また、X、Yも個人として自己破産申立をして、免責決定を得て連帯保証債務の弁済責任を免れ、Zは連帯保証債務の譲渡を受けた債権回収会社に800万円を支払うことで和解して、その後の債務を免れました。

第11章

必要になる
税務処理について

1

会社をたたむ際に必要な税務処理の概要

会社のたたみ方については、これまでの章でその大枠を理解されたと思います。

会社経営者（代表者）が事業の現状把握と将来展望を考えて、これ以上の事業継続は不可能と判断されたならば、その時点から会社の資産と負債を把握して、自社商品の現金化や会社保有の土地建物の売却先の選定をし、銀行等との借入金の免除交渉や従業員、取引先との今後の身の振り方の打ち合わせ、事業売却であれば名称や代表者等の登記の変更など、今後のスケジュールが頭に浮かぶと思います。

ただ多くの経営者の方が会社をたたむ際のスケジュールにおいて抜け落ちているポイントがあります。

それが税金に関する事項です。会社の経営者であれば、年に一度の確定申告が必要なことはよく分っておられると思います。

当然、会社の経営が順調なときは、法令に従い適正に節税をし、確定申告書を作成、提出して納税をされていたことでしょう。

ところがいったん事業に行き詰まり、会社をたたもうかと考える段になると、とりあえず目先の資金繰りや返済に追われて粉飾決算に手を出したり、確定申告自体をしなかったりと決算、税務の手続きが後回しになっていることが多く見受けられます。

また、このような状況の会社であれば、それまでの法人税や消費税、源泉所得税等の税金も滞納しているケースがありがちです。

これらの滞納税金は当然支払うべきものですが、これから読んでいただく内容はこれまで事業を継続していた中で滞納していた税金だけでなく、会社をたたんでいく過程で生じる税金とその手続きになります。

経営者の中には事業が赤字で、払えるお金もないのに、なぜ税金が発生するのかと疑問に思われる方も多く、全く税金に対する準備をされていないために、会社を上手くたためず、次のステップに進めなくなってしまう人がいます。

たとえば、会社を清算することになり、解散手続きをすることなく、多額の含み益がある土地を処分して、なんとか銀行借入金と仕入先の買掛金を返済し、今度は親族からの借入金を免除してもらって債務超過（資産より負債が多い状態）から脱し、株主に対して少ないながらも出資に見合う分配をしようとしたときに、税務署から多額の法人税を課税されて分配どころか税金の債務だけが残ってしまい、会社をたたむことすらできなくなるといった事態も考えられます。

特に、業歴が長く不動産等を多く持っている会社や借入金や仕入債務の免除を多額に受けて任意整理しようと思っている会社については、思わぬところで多額の税金が発生して計画の変更を余儀なくされることがあります。税金の手続き、計算方法さらに納税資金の資金繰りまでをあらかじめスケジュールの中にしっかりと組み込んで、上手に会社をたたんでください。

2

「会社継続型」と「会社廃業型」

会社の整理の方法は、通常大きく分けて「**事業廃業型**」と「**事業継続型**」の2種類に分けられます。

「事業廃業型」とは、第4章、第5章、第6章にあるような**廃業**、**任意整理**、**自己破産**となり事業自体が無くなってしまうことで、「事業継続型」とは、第7章から第10章にある会社の**売却**、**合併**、**事業譲渡**、**会社分割**といったもので、経営者は変わるが、事業自体、または会社が存続する方法です。

「事業廃業型」は事業（会社も）そのものが無くなってしまい、その税務上の手続きは通常の事業年度の計算手続きから、解散日を境にして清算手続きに入っていきます。第4章でも述べたように解散日以降でも会社は存続し、会社の資産を換金し、負債の支払いに充当して、最終的に残った残余財産を株主に分配した時点で会社が消滅します。

平成22年度の税制改正により平成22年10月1日以降の解散については解散日前でも以後でも法人税の計算方法はほぼ同じものとなり、解散日をいつにするかによる税負担の回避は不可能となりました。また本書においては「会社の上手なたたみ方」という趣旨のため債務超過（資産より負債が多い状態）での解散については説明を省いています。このため解散日前に債務超過から脱して、解散日から残余財産確定の日までをできるだけ短くし、スムーズな「会社廃業

型」を中心に説明しています。

「事業継続型」は、リストラや経営者の変更等により、事業を続けることで、税金の計算上は基本的には通常の事業年度と同じと思ってもらえばよいと思います。

会社が継続するのが前提ですから、これまでの法人税の課税もれや継続手続き上の利益（債務免除益）などを清算して法人税を課税することが目的となります。

たたみ方ひとつで大きな税金がかかってくることも考えられます（当然、今後事業を継続するのですから税金の滞納などは許されません）。

ただ本書は「会社のたたみ方」のポイントを説明しているので「事業継続型」であっても最終的には会社を終了（消滅）させることを目的としています。そのため、本当の意味での「事業継続型」の税務処理については省略しています。よって、税務上の問題点は「事業廃業型」とほぼ同じと考えてもらってよいと思います。

3 債務免除益

債務免除益とは、銀行や会社代表者等の債権者からの債権放棄により生じる債務の消滅益のことを言います。つまり借金等（買掛金、未払金含む）の棒引き収益です。

任意整理中の会社については債権者（銀行、代表者、取引先等）との合意等により債権の一

部カットがされることがあります。このカットされた金額が債務免除益となります。

会社が債務免除益を受けた場合には、会社の決算書上、特別利益に計上されることとなり、法人税の計算上も課税所得にカウントされます。

この債務免除益の特徴は現金等の収入は無いのに税金計算上は収益と見なされて法人税が課税されてしまうところです。

仮に、親族からの借入金3千万円が債務免除された場合には、その事業年度に他に収入と経費がなく、後述の青色欠損金が0の場合、その事業年度の法人税の課税所得は3千万円となり法人税（実行税率40％として）が約1千200万円となります。つまり3千万円の収益となっていますが、現金等の収入が無い見かけの収益となるため法人税を負担することが実質的に困難となります。特に代表者や代表者の親族からの借入金については安易に債務免除するのではなく、会社の状況を見据えながら慎重に判断すべきでしょう。

解散を目的としている会社の債務免除益については、その会社が抱えている青色欠損金額やその期の費用や損失によって、大きく納税額が変わってきますので、その計上金額と計上時期は専門職と相談上、計画を立ててください。

4

青色欠損金

会社が青色申告を行っている事業年度に生じた欠損金を、その後7年間にわたって繰り越して課税所得の計算上、控除できる制度があります。この控除できる欠損金を青色欠損金と言います。

この青色欠損金の使い方によっては税金の負担が大きく変わってきますので、会社をたたむ際（「事業継続型」でも「事業廃業型」でも）の大きなポイントとなります。ここでは、当然の前提として、継続して青色申告をしていることが必要です。

事業が行き詰まってくると、どうしても確定申告を期限内に行わない経営者がいますが、連続して期限内に申告がなされていない場合、税務署はさかのぼってそれまでの青色申告を取り消すことがあります。青色申告を取り消されてしまうと、白色申告となり、その青色欠損金は切り捨てられるので、その後の事業年度に課税所得が発生しても控除できなくなってしまいます。

そのようにならないように、できる限り期限内に確定申告をするように心がけてください。

欠損金の図解（1年決算法人）

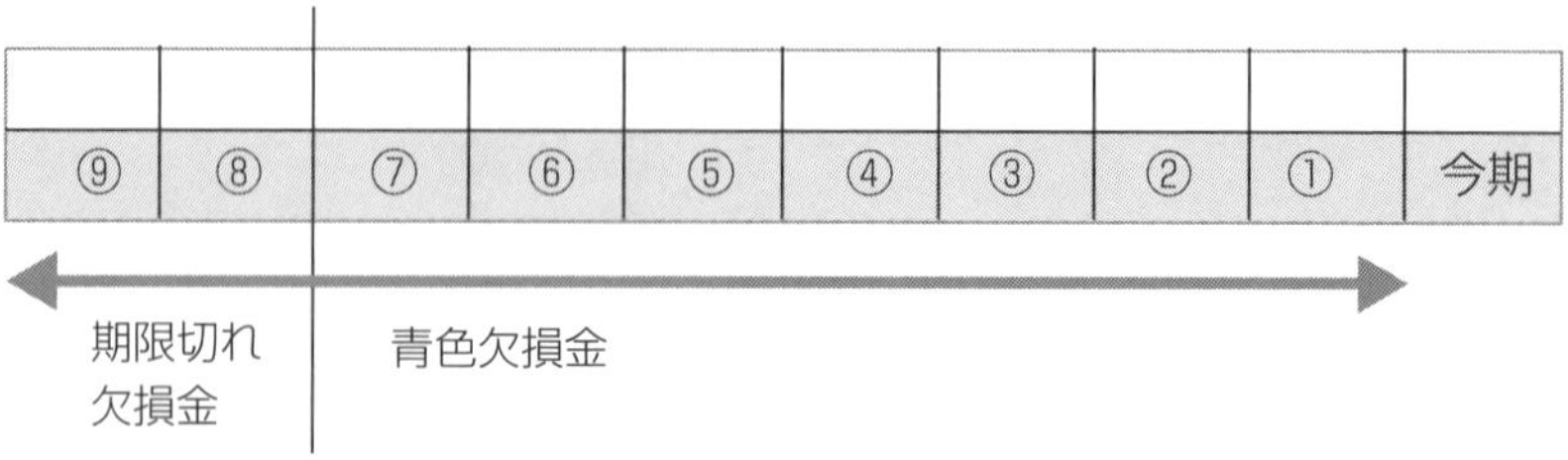

5

期限切れ欠損金

繰越欠損金のうち青色欠損金以外の欠損金を言います。具体的には欠損金が生じて7年以内に利益と相殺されなかった青色欠損金と白色欠損金になります。

通常の事業年度では課税利益と相殺できませんが、平成22年度税制改正により平成22年10月1日以降の解散であれば、課税利益に影響させることができることになりました。

ただし、解散時、解散日以後の清算事業年度終了時において実質的に債務超過状態（株主に分配できる残余財産がない状態）である場合にのみ、期限切れ欠損金を課税所得と相殺できます。この規定は平成22年10月1日以降の解散する会社に対して適用されます。

ここでは解散前に資産売却や負債の圧縮による債務超過状態を脱した会社のたたみ方を想定しているため、この規定の詳細な説明については省略します。

6

税務申告手続き

事業の再生のめどが立たたない、または、事業の売却先が見つからないこと等で事業の継続が不可能となった場合には、会社の清算手続きに入ることとなり、清算業務が完了すると法人

格が消滅し、会社をたたんだということとなります。

清算の際の税務上のポイントは、3つの税務申告手続きの流れとなります。

①解散確定申告書（解散の日から2月以内）

事業年度開始の日から解散の日までを1事業年度とみなします。

この「解散の日」とは、株主総会において解散の決議のあった日となり、法人格の消滅は解散の日ではなく清算の結了（終了）をもって消滅します。

この解散確定申告は、通常の事業年度とほぼ同じ計算をしますが、一部異なった取り扱いをする項目があります。

減価償却、繰延資産の償却等の計算は事業年度が1年未満となるため、月数に応じた変更が必要となります。

②清算事業年度確定申告書（清算事業年度終了の日から2月以内）

解散日の翌日から残余財産（会社の負債全てを支払った後の残った会社財産）確定の日までの期間が1年以上となる場合には、解散日の翌日から1年ごとに区切った期間を1事業年度とします。

この清算事業年度確定申告書は、通常の事業年度とほぼ同じ計算をしますが、特別償却等の規定は適用されません。

③ 清算確定申告書（残余財産確定の日から1月以内）

清算の最終目的は、資産を現金化し、負債の支払をして、残った資産を株主に分配することです。したがって清算事業年度の途中で残余財産（最終的に株主に分配することのできる財産）が確定した時は事業年度開始から1年未満であっても事業年度は終了し、法人税の計算上は会社が消滅することになります。

このように「事業廃業型」の税務申告の手続きについては、これまで述べたように3つの申告手続きが必要となることがあります。

解散日から1年以内に返済等の整理をつければ、「解散確定申告書」と「清算確定申告書」の2つの申告で済むこととなり、また税金納税のための資金繰りも1年以内に手続きを終了させることにより負担が軽減できます。

以上のことから、なるべくなら解散する前に資産負債の査定をし、資産の換価手続きをスムーズに行えば税務的な手続きは大幅に省略軽減することができます。

次に法人税の計算方法を簡単なケースで説明してあります。

会社が解散を前提に資産負債の整理をする場合に法人税計算上の気をつけるべき点は資産の売却損益と債務免除益です。

つまり資産、特に長期保有の土地を売却すると含み益（売却時価が帳簿価格を超える場合にその差額）や債務免除益について法人税が課税されるので、このようなときは含み損を抱える

資産（棚卸資産や機械等の減価償却資産）を同時に売却するか、廃棄することにより損失を計上し、利益を圧縮して青色欠損金の範囲内に課税利益を抑えるのがコツとなります。

　また同族会社であれば役員退職金を支給することにより課税利益を圧縮することも考えられます。

税務申告の手続きの流れ

1年決算法人

事業年度（4／1～3／31）

解散の日（平成22年12月31日）

残余財産確定の日（平成24年6月30日）……会社の消滅

通常の事業年度……H21・4・1～H22・3・31（申告期限H22・5・31）
（12ヵ月）

▼

解散事業年度……H22・4・1～H22・12・31（申告期限H23・2・28）
（9ヵ月）

▼

清算事業年度……H23・1・1～H23・12・31（申告期限H24・2・28）
（12ヵ月）

▼

清算確定事業年度……H24・1・1～H24・6・30（申告期限H24・7・31）
（6ヵ月）

ケース▽①法人税が0の場合

（資産）現金	500	（負債）借入金	3000
建物	1000		
土地	800	（資本金）	1000（欠損金1700）
*青色欠損金	1600		
*建物の時価	500		
*土地の時価	1500		
*借入金の免除	1000		

（単位：万円）

・解散日以前に土地建物を売却して借入金の返済原資として負債を0にする。
・建物売却損500、土地売却益700、債務免除益1000で利益が1200となる。
・課税所得　1200−1600（青色欠損金）≦0…課税所得は0となり、法人税は課税されません。
・500（現金）＋500（建物売却金額）＋1500（土地売却金額）−2000（借入金の返済）＝500。

結果、残った財産が500万円となり解散手続きを経て株主に分配されます。

ケース▽②法人税が課税される場合

（資産）現金　５００　（負債）借入金　３０００
建物　１０００
土地　８００　（資本金）　１０００（欠損金１７００）
＊青色欠損金　１６００
＊建物の時価　５００
＊土地の時価　１５００
＊借入金の免除　２０００（前記のケースと資産負債は同じ。ただし借入金の免除が２０００の場合）

・建物売却損５００、土地売却益７００、債務免除益２０００で利益が２２００
・課税所得　２２００−１６００（青色欠損金）＝６００
・法人税　６００×４０％＝２４０となります。
・５００（現金）＋５００（建物売却金額）＋１５００（土地売却金額）−１０００（借入金の返済）−２４０（法人税）＝１２６０

結果、残った財産が１２６０万円となり解散手続きを経て株主に分配されます。

以上のように、資産の売却益が多額になった、借入金の免除交渉により思った以上の借入金

減額があったなどにより利益の合計が青色欠損金を大幅に超えてしまうと予想外の法人税の負担が発生し、株主に分配できる残余財産が減ってしまいます。

会社の解散を考える際には思わぬところで法人税が課税されることがありますので、資金繰りやその手順や条件を慎重に考えてください。

7

役員退職金の支給時期

会社をたたむ際に役員退職金を支給すべきか、また支給するなら、いつすべきかが問題となることがあります。

その会社の状況にもよりますが、前記のケースのように解散日以前に青色欠損金を超える収益が発生してしまう場合であれば、役員退職金を支給し経費化することにより課税所得を圧縮することができます。

ただし、役員退職金については、同族会社では身内のお手盛りによる支給になることが多いため、税務上では適正額の範囲内での支給を要求しています。

具体的には、**退職時最終役員報酬 × 役員在職年数 × 功労倍率**となっています。

この場合の功労倍率は同業他社等を比較して倍率を決めることとなっており、通常は1～3倍程度となっているようです。

8

消費税について

会社の清算中であろうと消費税の課税事業者であれば、保有資産の売却（土地の売却は除く）に対しては消費税を預かって納税する義務が発生します。

消費税についてのポイントは、簡易課税制度を選択することです。

消費税の原則は、売上に対して預かった消費税から、経費に対して支払った消費税を差し引いて残りを国に納税することですが、会社をたたもうとする会社については、通常商品の仕入や固定資産の購入といった課税仕入はほとんど無くなるため、支払った消費税がきわめて少なくなります。

こうなると消費税の負担が増加するので、簡易課税制度を選択して支払った消費税額を概算で計算することにより消費税負担を軽減することができます。

▽**事例**

建物の売却金額　４千万円（預り消費税２００万円）
課税仕入れ　１千万円（支払消費税50万円）
原則課税　２００万円－50万円＝１５０万円…納税額
簡易課税　２００万円×40％＝80万円…………納税額

消費税の判定（1年決算法人）

第10期	第11期	第12期
基準期間		今　期

第10期の課税売上が5千万円以下なら……今期は簡易課税制度を選択可能
（選択届出書は第11期中に提出が必要）

第10期の課税売上が1千万円以下なら……今期は消費税の納税義務無し

この簡易課税適用届出書の提出期限は、適用を受けようとする課税期間の前課税期間中に提出しなければならないこと、基準期間（前々期の課税期間）の課税売上が5千万円以下など適用要件がありますので気をつける必要があります。

もう1つのポイントは免税事業者になるまで資産の譲渡を遅らせる方法です。

消費税は、基準期間の課税売上が1千万円以下であれば納税義務が無いことになりますので、休業や事業縮小をして納税義務が無くなる課税期間まで保有資産の売却を延期するという方法も選択肢に入れて消費税負担を軽減する方法を考える必要があります。

9

粉飾決算

粉飾決算とは、金融機関や取引先に対する信用維持のために事実を曲げて経理すること、つまり売上の架空計上、経費を簿外処理して意図的に利益を過大申告することです。

粉飾決算は違法行為であり、最近の法令遵守を重視しなければならない会社経営の中では決してやってはいけないことですが、倒産寸前の会社は目の前の融資や取引継続のためについ粉飾をしてしまうことがあります。

このように粉飾決算をして、わざわざ余分な法人税を払ってしまった場合に、会社の清算を考え、払いすぎた5年（一定の場合には7年）内の法人税の取戻しが可能な場合があります。

まず、会社が決算において粉飾した仮装経理部分の修正経理をし、それに基づく確定申告書を提出して、税務署長に減額更正してもらうことにより法人税の還付、または支払うべき法人税から控除してもらうことができます。この法人税の還付等は、違法な手続きを正式な手続きに修正してもらうことであり、法人税では上記の処理申告をすることだけが規定されていますが、本来許されない処理をして法人税を納付して、後日「やっぱり資金繰りが苦しいので税金返してください」と都合のいいことを言っているようなものですので、通常は上記の申告に税務署長宛に「嘆願書」等というお願い書を付けて出しているようです。なお、この更正は税務署長の裁量とされており、納税者の権利ではないことに注意してください。

10

未納租税公課

会社の資金繰りが詰まってくると、取引先や銀行の支払はするが、どうしても社会保険料や従業員から預かった源泉所得税、消費税、法人税などを滞納することがあります。

では、会社がそのまま倒産したらどうなるでしょう。

国税については、免責されませんので租税債権のみが残ってしまうことになります。

ただ、実際上、無いものから取りようがなく法定納期限から5年すると時効となります。

11

清算所得課税の廃止

平成22年度税制改正のうちに、清算所得課税の廃止が盛り込まれています。つまり平成22年10月1日以降からの解散については、清算手続きに入った期間も通常の所得課税による税金の計算を行うこととなります。

改正前の法人税は解散日後については財産法的な方法により税金を計算していましたが、改正後は解散手続き中でも通常の損益法の考え方により法人税を計算します。

今回の税制改正による清算所得課税の廃止の目的は、解散日を何時に設定するかによる法人税計算方式の違いよる税負担の不公平を解消することとなっています。

清算所得課税廃止前であれば解散日の設定時期により法人税負担が軽減される可能性がありましたが、この改正により今後はその可能性も少なくなるようです。

今後の法律改正の内容について細部が公表されると思いますが、本書では改正部分は大枠についてのみ述べていますので、平成22年10月1日以後に会社をたたまれる経営者の方は経営者の方は専門家と協議の上で慎重に税金計画を立てて、税金が会社をたたむ際の障害とならないように準備してください。

赤井勝治（あかい・かつじ）

1965年京都府生まれ。弁護士、京都弁護士会所属。

立命館大学法学部法律学科卒業。司法研修の後、検事に任官。

大阪地検、大阪地検堺支部、京都地検を歴任。

平成12年に検事を退官し、弁護士登録。勤務弁護士を経て、平成16年10月に赤井・岡田法律事務所（http://www.akai-okadalaw.com）を開設。損害賠償請求などの一般民事事件、離婚・相続などの家事事件、債務整理事件等のほか、近年は医療法務や知的財産・税務などの専門分野にも積極的に取り組んでいる。高度な交渉能力と事務処理能力による質の高い事件処理をモットーとする。

著書に「すご腕弁護士が教える論理的交渉術」（2009年、ぱる出版刊）がある。

執筆協力：前川健司（税理士）
「第11章 必要になる税務処理について」その他、税務処理部分の執筆を担当。

小《ちい》さな会社《かいしゃ》の上手《じょうず》なたたみ方《かた》

2010年6月25日　初版発行

著　者　赤《あか》　井《い》　勝《かつ》　治《じ》
発行者　常　塚　嘉　明
発行所　株式会社　ぱる出版

〒160-0011　東京都新宿区若葉1-9-16
03(3353)2835—代表　03(3353)2826—FAX
03(3353)3679—編集
振替　東京 00100-3-131586
印刷・製本　中央精版印刷(株)

ISBN978-4-8272-0554-1 C0034